*L'attività dell'Ospedale 68
di curare malati, feriti e mutilati tra
molte difficoltà di varia natura
andò oltre il possibile.*

Sing Man Rhee
Presidente della Repubblica di Corea

INDICE

INTRODUZIONE .... pg. 4

1. LA GUERRA DI COREA .... pg. 5

1.1 In Nord invade il Sud.
1.2 Il Sud invade il Nord.

2. L'OSPEDALE DELLA CROCE ROSSA .... pg. 14

2.1 La partecipazione italiana.
2.2 L'imbarco.
2.3 Al servizio dell'ONU.
2.4 Chirurgia di guerra.
2.5 Il giallo dei farmaci.
2.6 Il trauma di un popolo.
2.7 Spie al 38° parallelo.
2.8 I bambini e la guerra.
2.9 Il deragliamento.
2.10 L'incursione.
2.11 L'incendio.
2.12 Radiografia della guerra.
2.13 L'alluvione.
2.14 Il fiore dell'eternità.
2.15 La stella di bronzo.
2.16 Truppe di pace.
2.17 L'encomio.
2.18 L'Armistizio.
2.19 La beffa del Nobel.

3. INTERVISTE AI VETERANI .... pg. 84

3.1 Intervista a Gianluigi Ragazzoni.
3.2 Intervista ad Alma Pascutto.
3.3 Intervista a Giovanni Riboldi.
3.4 Intervista a Giovanni Canali.

INTRODUZIONE

Della partecipazione italiana alla guerra che si svolse nei primi Anni Cinquanta in Corea la Dottrina non ha ancora dedicato la dovuta attenzione.

Eppure Roma ha avuto il suo peso in quel contesto, nel quale invero è entrata per le irresistibili pressioni di Washington, ma ne è uscita ottenendo risultati importanti.

In questa sede, dunque, si narrano le vicende dell'Ospedale da campo n. 68, gestito dal Corpo Militare e dalle Infermiere Volontarie della Croce Rossa, presso il quale si è avvicendato oltre un centinaio di persone.

Pur avendo il compito di assistere la popolazione civile, la relativa vicinanza al fronte ha fatalmente coinvolto il Poliambulatorio in episodi tipicamente bellici, come l'attacco aereo portato dai MIG nordisti.

Ed il terribile incendio che ha distrutto l'edificio in cui era stato allocato il Poliambulatorio non è tuttavia riuscito ad interromperne l'attività, grazie all'indomabile impegno degli operatori rossocrociati.

Inoltre, vengono rievocate le complesse operazioni umanitarie organizzate in occasione di vari disastri ferroviari o stradali e dell'apocalittica alluvione che flagellò un'isola giapponese.

La ricostruzione di quegli eventi è stata possibile grazie all'efficace collaborazione del Tenente Colonnello Claudio De Felici ed alla lettura dei documenti custoditi nell'Archivio Storico della Croce Rossa Italiana.

Ma soprattutto alle testimonianze degli orgogliosi reduci Gianluigi Ragazzoni, Alma Pascutto, Sergio Riboldi e Giovanni Canali nonché della Famiglia di Ercole Toni, che hanno anche consentito la pubblicazione di numerose fotografie originali.

Un convinto plauso, infine, ad Antonio Amoia per la raffinata illustrazione di copertina e a Carmela Lovero per la consulenza tecnica.

L'Autore

Michele Patruno ha studiato Giurisprudenza e Relazioni Internazionali, conseguendo anche un Master in Studi Europei. Già docente a contratto presso l'Università di Bari, il Centro Studi Formez ed i corsi della Regione Puglia, attualmente insegna Diritto Comunitario alla Scuola Superiore dell'Economia e Finanze di Roma. Tra gli altri saggi, ha pubblicato *Quando è l'ONU a combattere. La guerra del Katanga (1961-63)*, Boopen, Napoli, 2011.

1
LA GUERRA DI COREA

1.1 IL NORD INVADE IL SUD

Al 38° parallelo, che ancora oggi separa il Nord dal Sud della Corea, da circa un anno si erano registrate ripetute violazioni del confine da ambo le Parti e molte scaramucce tra gli eserciti contrapposti [1].

Poi, il mattino del 25 giugno 1950, il *leader* settentrionale Kim Il Sung, ordinò alle sue divisioni di Fanteria di attraversare la frontiera e di bombardare massicciamente la città di Kaesong.

Le truppe meridionali, che subito si rivelarono assolutamente inadeguate a reggere uno scontro armato di grandi proporzioni, non poterono reggere all'avanzata nemica.

Questo episodio cambiò la storia del pianeta e mise in pericolo la sicurezza internazionale.

A New York, si riunì nella stessa giornata il Consiglio di Sicurezza dell'Organizzazione delle Nazioni Unite (ONU).

Mediante la Risoluzione n. 82 del 25 giugno [2], con nove voti a favore, l'astensione della Yugoslavia e la determinante assenza del delegato sovietico, venne chiesta

l'immediata cessazione delle ostilità.

E si fece un appello alle Autorità nordcoreane affinché

ritirino immediatamente le loro forze armate dal 38° parallelo.

Ma questo sollecitazione al cessate il fuoco con ripristino dello *status quo* non venne tenuta in nessuna considerazione dai Nordisti, che continuarono a dilagare nel territorio avversario.

---

[1] htpp://it.wilkipedia.com.

[2] Testo ufficiale del primo paragrafo della Risoluzione n. 82 del 25.06.1950: *[The Security Council] call for the immediate cessation of hostilities; call upon the authorities of North Korea to withdrawal forthwith their armed forces to the 38th parallel.*

Due giorni dopo il Consiglio si riunì nuovamente senza l'Ambasciatore dell'URSS e approvò, con il solo voto contrario del Rappresentante iugoslavo e la rinuncia di Egitto ed India, la storica Risoluzione n. 83 del 27 giugno [3], con cui raccomandò a i Membri dell'ONU di

> *fornire alla Repubblica di Corea*
> *l'assistenza necessaria per respingere l'attacco armato*
> *e ristabilire la pace internazionale e la sicurezza nella regione.*

Ma proprio mentre al Palazzo di Vetro di Manhattan si prendeva questa decisione, avvenne il primo scontro fra truppe americane e nordcoreane.

Inoltre, un piccolo contingente di soldati, seppure insufficiente a contrastare l'attacco, era già sul posto.

La Casa Bianca nominò a capo del *Far East Command* (FEC) il carismatico Generale Douglas Mac Arthur.

E poi decise di inviare ingenti rinforzi in Giappone per costituire l'Ottava Armata agli ordini del Generale Walker.

Il 7 luglio 1950, fu approvata la Risoluzione n. 84 [4], con l'astensione di Egitto, India e Yugoslavia e la solita polemica assenza dell'Unione Sovietica.

Il Consiglio di Sicurezza, in continuità con le precedenti Risoluzioni, raccomandò ai Membri delle Nazioni Unite di

> *istituire una forza militare ed altro tipo di assistenza*
> *sotto il comando unificato degli USA.*

---

[3] Testo ufficiale del paragrafo unico della Risoluzione n. 83 del 27.06.1950: *[The Security Council] recommends that the Members of the United Nations furnish such assistance to the Republic of Korea as many be necessary to repel the armed attack and to restore international peace and security in the area.*

[4] Testo ufficiale del terzo paragrafo della Risoluzione n. 84 del 07.07.1950: *[The Security Council] recommends that all the Members providing military forces and other assistance pursuant to the aforesaid Security Council resolutions make such forces and other assistance available to a unified command under the United States of America.*

A fianco del Sud Corea ed agli ordini degli Stati Uniti d'America [5], dunque, si schierarono ventuno Paesi di cinque continenti: Australia, Belgio, Canada, Colombia, Danimarca, Etiopia, Filippine, Francia, Giappone, Gran Bretagna, Grecia, India, Italia, Lussemburgo, Norvegia, Nuova Zelanda, Olanda, Sudafrica, Svezia, Tailandia e Turchia.

Degli Stati che hanno formato la Forza ONU, due (Giappone e Italia) non facevano parte dell'Organizzazione.

Oltre agli USA, dunque, presero parte alla guerra un paio di Nazioni delle Americhe: il primo impegno fu quello della *Royal Canadian Navy,* seguito dall'Aviazione e dalle Forze speciali dell'Esercito.

Bogotà inviò quattro Battaglioni, nei quali si avvicendarono circa 4.000 uomini.

Intervennero in aiuto del popolo sudcoreano anche soldati asiatici, duemila dei quali erano originari della Tailandia.

Altri facevano parte dei *Combat Teams* provenienti da Manila e di un *Parachute Field Ambulance* dell'India, mentre il contributo nipponico fu prettamente logistico (supporto navale).

L'Africa era rappresentata da 3.600 "conquistatori" etiopi e da una cinquantina di piloti sudafricani.

Dall'Oceania giunsero uno Squadrone della *Royal Australian Air Force* ed un migliaio di Neozelandesi.

Del Vecchio Continente, accettarono la sfida cinquemila combattenti precettati da Ankara e sette Membri dell'odierna Unione Europea: persino il Lussemburgo volle essere presente con una quarantina di fanti, aggregati ai due reparti provenienti da Bruxelles.

Un Regio Battaglione ellenico affiancò quello della Repubblica Francese e le gloriose Brigate di Sua Maestà britannica.

Nelle unità sanitarie (oltre ai paracadutisti indiani), accanto al *Normash* norvegese [6], c'erano tre presidi militari della Croce Rossa: la nave danese *Jutlandia* e gli ospedali da campo della Svezia [7] e dell'Italia [8].

La maggior parte di queste uniformi vennero schierate fianco a fianco di quelle statunitensi e sudcoreane in violente battaglie.

---

[5] www.koreanwar.com.
[6] Vedi 2.19.
[7] Vedi 2.16.
[8] Vedi 2.1 e ss.

E molte furono insanguinate: il Regno Unito pianse un migliaio di morti, la Turchia contò oltre settecento vittime e una percentuale rilevante dei 2.500 caduti della terribile Battaglia di *Harthbreak Ridge* era di nazionalità francese.

La neonata Forza internazionale riuscì finalmente a rallentare l'avanzata nordista, che era dilagata nel Sud, dove resisteva solo il cosiddetto "Perimetro di Pusan", un territorio di 140 chilometri per 90, chiuso dal fiume e dal Mar del Giappone.

Mac Arthur pensò di rompere l'assedio mediante una testa di ponte fortificata: il piano era di concentrare abbastanza truppe per resistere agli invasori e contemporaneamente realizzare un difficilissimo sbarco alle loro spalle al fine di chiuderli in una tenaglia.

La controffensiva si concretizzò il 15 settembre grazie al Decimo Corpo dei *Marines*, che, trasportato dalla *US Navy*, riuscì a condurre un attacco anfibio nella città portuale di Incheon, vicino al 38° parallelo.

L'operazione, che in caso di fallimento avrebbe potuto compromettere l'intera flotta, era di straordinaria complessità a causa di un gioco di maree che consentiva un'autonomia di appena due ore.

Ma gli uomini del Generale Almond riuscirono a sbarcare in metà del tempo disponibile e ad aggredire le armate nordcoreane che non si aspettavano un attacco tanto ardito.

Questo gettò nel panico i Nordisti, che ripiegarono in modo assai disordinato e in appena due settimane si ritirarono oltre la frontiera, che pochi mesi prima avevano varcato, scatenando la più grave crisi internazionale dalla fine della Seconda Guerra Mondiale.

Il 17 settembre le truppe dell'ONU riconquistarono Seoul e dieci giorni dopo ripresero il controllo anche dell'aeroporto della Capitale.

A fine mese venne raggiunto il 38° parallelo, il fragilissimo confine ufficiale tra le due parti del Paese.

Il sanguinoso conflitto sembrava dunque finito.

1.2 IL SUD INVADE IL NORD

Se realmente ci si fosse fermati a questo punto, come del resto previsto dalle Risoluzioni del Consiglio di Sicurezza, in tanti avrebbero festeggiato.

Innanzitutto la Comunità globale, che, tramite l'Organizzazione delle Nazioni Unite, avrebbe risolto una grave minaccia alla sicurezza del pianeta.

Il Segretario Generale Lie sarebbe passato alla storia come un grande pacificatore ed il Presidente americano Truman avrebbe probabilmente vinto le elezioni.

Il Comandante Mac Arthur sarebbe entrato nell'Olimpo dei massimi strateghi militari al pari di Alessandro, Cesare e Napoleone.

Un trionfo della legalità, insomma.

Invece, sulle ali dell'entusiasmo, i Vertici militari degli Stati Uniti si impegnarono a concludere la campagna bellica entro il Natale del 1950 addirittura con l'occupazione dell'intera nazione coreana ed a riportare a casa le truppe entro il Capodanno.

Il 29 settembre 1950, il Presidente Truman, accettando i consigli dell'ala interventista del suo *staff*, prese la grave decisione di appoggiare i militaristi.

Quindi autorizzò l'attraversamento del confine con lo scopo di liquidare il regime comunista del Nord.

Reparti sudcoreani e l'Ottava Armata americana varcarono il 38° parallelo, occupando persino la Capitale Pyongyang.

Al *leader* nordista non restò che precipitarsi a Pechino e chiedere l'immediato intervento della Repubblica Popolare di Mao.

Il 26 ottobre le forze sudiste raggiunsero addirittura la frontiera con la Cina, senza preoccuparsi della presenza di centinaia di migliaia di soldati cinesi schierati lungo il fiume Yalu.

Il Generale Mac Arthur si permise di dichiarare alla stampa di escludere un loro intervento nel teatro bellico.

Ma la previsione si rivelò presto infondata.

Il contrattacco si concretizzò, il 28 ottobre, che travolse il fronte delle truppe ONU.

L'intervento massiccio dei Cinesi divenne presto irresistibile e le truppe alleate a partire da novembre iniziarono il ritiro dalla Corea del Nord.

Non giovò al clima pesante che si respirava al Palazzo di Vetro di New York il ritorno in aula del Rappresentante russo.

Le Nazioni Unite si trovarono di fronte alla temuta eventualità di non poter intervenire in modo incisivo a causa dei veti incrociati che avrebbero potuto esercitare gli Stati Uniti, la Cina nazionalista, il Regno Unito, la Francia e, adesso, pure l'Unione Sovietica.

E così escogitarono il principio dello *Uniting for Peace*.

Il 3 novembre 1950, l'Assemblea Generale (AG) dell'ONU, con l'opposizione dei Paesi di ideologia comunista, approvò la rivoluzionaria Risoluzione n. 377 V.

Si prese atto che il Consiglio di Sicurezza, a causa della mancanza dell'unanimità dei Membri Permanenti, poteva essere impossibilitato ad esercitare la sua primaria competenza in materia di mantenimento della sicurezza globale.

Per cui venne stabilito [9] che, in ogni caso in cui vi fosse una minaccia alla pace, l'Assemblea può considerare la possibilità di approvare immediate ed appropriate raccomandazioni agli Stati affinché, in caso di concreto pericolo alla pace o di atto di aggressione, adottino

> *misure collettive, incluso l'uso delle forze armate quando necessario, atte a mantenere o ristabilire la pace e la sicurezza internazionale.*

Se non in un'ordinaria sessione, l'AG si riunisce in una speciale sessione d'emergenza entro 24 ore dalla convocazione, richiesta dalla maggioranza dei suoi componenti oppure dal Consiglio, con il voto di almeno sette dei suoi Membri.

---

[9] Testo ufficiale del paragrafo A della Risoluzione n. 377 (V) del 03.11.1950: [*The General Assembly] resolves that if the Security Council, because of lack of unanimity of the permanent Members, fails to exercise its primary responsibility for the maintenance of international peace and security in any case where there appears to be a threat to the peace, breach of the peace or act of aggression, the General Assembly shall consider the matter immediately with a view to making appropriate recommendations to Members for collective measures, including in the case of a breach of the peace or act of aggression the use of armed force when necessary, to maintain or restore international peace and security. If not in session at the time, the General Assembly may meet in emergency special session within twenty-four hours of the request therefore. Such emergency special session shall be called if requested by the Security Council on the vote of any seven Members or by a majority of the Members of the United Nations.*

Nel frattempo, l'offensiva delle truppe maoiste proseguiva ininterrotta, seppur con perdite enormi; ripresero la Capitale nordcoreana Pyongyang ed il primo gennaio 1951 venne varcato il 38° parallelo.

Tre giorni dopo occuparono Seoul.

La loro avanzata era però diventata lenta e scoordinata a causa della lunghezza delle linee di rifornimento e perché la scadente struttura logistica non consentiva operazioni rapide.

Fu quindi arrestata il 15 gennaio a circa 75 chilometri dalla frontiera.

Dopo un paio di mesi di scaramucce sulla nuova linea del fronte, la Forza dell'ONU scatenò l'ennesima controffensiva e Seoul venne definitivamente conquistata il 14 marzo.

Gli esausti Cinesi cominciarono a retrocedere in modo caotico e tutta l'area tra la Capitale sudista ed il confine era stata sgomberata.

Fu raggiunto il 38° parallelo e le truppe delle Nazioni Unite penetrarono nuovamente in territorio nordcoreano nel lato orientale del confine.

Tuttavia, Mac Arthur non poté rallegrarsene: il Presidente americano Truman decise di non appoggiare più la disinvolta campagna militare del Generale, temendo un allargamento del conflitto.

E, sotto le pressioni di alcuni Stati della coalizione internazionale, preferì sostituirlo con il più moderato Ridgway, già Comandante dell'Ottava Armata (succeduto allo scomparso Walker).

Pochi mesi dopo, cominciarono le trattative fra le Parti per una conclusione concordata degli scontri.

Con il nuovo strumento giuridico dello *Uniting for peace*, nel maggio 1951 si decise di adottare pesanti sanzioni economiche nei confronti sia del Nord Corea che della Repubblica Popolare cinese.

Tramite la Risoluzione n. 500 V [10], l'Assemblea raccomandò infatti a tutti gli Stati della Comunità internazionale di

> *applicare un embargo navale di armi, munizioni e strumenti bellici, ordigni nucleari, petrolio, materiale da trasporto di valore strategico.*

---

[10] Testo ufficiale del primo paragrafo, lettera a) della Risoluzione n. 500 (V) del 18.05.1951: *[The General Assembly] recommends to every State apply an embargo on the shipment to areas under the control of the Central People's Government of the People's Republic of China and of the North Korean authorities of arms, ammunition and implements of war, atomic energy materials, petroleum, transportation materials of strategic value and item useful in the production of arms, ammunition and implements of war.*

Dopo due anni di stallo, le trattative di pace fecero un salto di qualità e si conclusero formalmente il 27 luglio 1953, con la storica firma dell'Armistizio di Pan Num Jom [11].

Le Parti manifestavano il fermo interesse a mettere fine ad un conflitto che aveva portato grande sofferenza e spargimento di sangue su entrambi i fronti, in vista di un definitivo Trattato di pace.

Per questo concordavano la completa cessazione entro dodici ore delle ostilità e di ogni altro atto delle Forze Armate terrestri, navali ed aeree.

Inoltre, si fissava una linea di demarcazione militare presso il 38° parallelo ed una zona smilitarizzata di due chilometri fra gli opposti schieramenti.

Il testo venne redatto nelle lingue inglese, coreana e cinese, tutte facenti fede in egual modo.

La Corea rimase divisa in due: il Nord, con Capitale Pyongyang, e il Sud, con Capitale Seoul.

---

[11] Vedi 2.18.

2

L'OSPEDALE DELLA CROCE ROSSA

2.1 LA PARTECIPAZIONE ITALIANA

Durante un pranzo nel luglio 1950, il Consulente giuridico presso l'Ambasciata americana a Roma Oscar Cox insistette con Egidio Ortona [12], membro della prima Missione economica italiana negli Stati Uniti, affinché

> l'Italia compia un gesto soprattutto offrendo truppe
> [...] una Divisione !

E' comprensibile quanto sarebbe stato complicato garantire un simile impegno nelle condizioni in cui versava il nostro Paese, a soli cinque anni dal disastro della Seconda Guerra Mondiale e senza neppure appartenere all'Organizzazione delle Nazioni Unite.

De Gasperi, infatti, espose in un telegramma le difficoltà interne, a cominciare dalla vasta campagna antiatomica e pacifista organizzata dalla Sinistra e l'impossibilità per l'Esecutivo di impostare nuove direttive di bilancio.

Il *Premier* comunque assicurò che era allo studio un concreto atto di solidarietà verso gli USA, che proprio in quel periodo stavano pianificando un massiccio pacchetto di aiuti finanziari per il rilancio del Vecchio Continente.

Invece, per tutta l'estate non si volle proprio parlare di una nostra presenza nel conflitto asiatico, non solo per l'oggettiva lontananza, ma soprattutto perché gli Italiani non volevano rimanere "scottati" ancora una volta.

A ferragosto, l'Amministrazione statunitense fece un passo ufficiale presso il Governo, consigliando l'invio di una nave scorta o di una unità da combattimento.

E il primo settembre, Truman, assistendo alle pesanti disfatte delle forze sul campo, indicò che la crisi coreana avrebbe reso necessaria la mobilitazione di oltre tre milioni di uomini.

Pochi giorni dopo, tuttavia, il Comandante MacArthur ruppe l'assedio con il prodigioso sbarco ad Inchon e ricacciò il nemico oltre il 38° parallelo, ottenendo addirittura l'autorizzazione ad attaccare a Nord del confine.

L'obiettivo politico-militare, dunque, cambiava sostanzialmente: l'invasore era stato respinto, ma ora i Generali puntavano all'inseguimento ed alla sconfitta definitiva del nemico sul suo territorio.

---

[12] Ortona, *Anni d'America*, p. 347 ss.

Questo creò insofferenza presso alcuni degli Stati che avevano mandato i loro soldati a combattere una guerra difensiva legittimata dalla Comunità internazionale.

Ma fece definitivamente tramontare l'ipotesi, già improbabile, di coinvolgere truppe italiane combattenti.

I primi di dicembre, un autorevole esponente statunitense, pur senza citare il nostro Paese, fu violentissimo nel riferirsi ai contributi europei e si indignò per la loro lentezza.

A metà mese, l'Ambasciatore a Washington Alberto Tarchiani venne ricevuto a Palazzo Chigi, dove, usando notevole forza dialettica, evidenziò al Presidente del Consiglio la necessità di dare una prova della nostra determinazione alla Casa Bianca.

Il sostegno militare, secondo l'esperto Diplomatico, poteva anche sostanziarsi in una soluzione non troppo impegnativa o rischiosa, quale l'invio di un reparto di tipo sanitario.

Dopo febbrili consultazioni a tutti i livelli, si decise dunque di mandare al fronte
un ospedaletto della Croce Rossa.

Poiché la Croce Rossa Italiana (CRI) aveva al suo interno un Corpo Militare, questa soluzione avrebbe dunque consentito di accogliere la richiesta americana di inviare un contingente delle Forze Armate, senza tuttavia esporsi ad eccessivo pericolo.

Nell'agosto del 1950, il nostro Ministero della Difesa mobilitò l'Ospedale da campo CRI n. 68.

Poche settimane dopo, il Governo approvò una Deliberazione, con la quale, manifestando solidarietà allo sforzo che l'ONU stavano compiendo in Corea, si voleva contribuire all'assistenza delle vittime di guerra.

Si mise dunque a disposizione del Segretario Generale Trigvie Lee un Poliambulatorio, completo di equipaggiamento e di Personale.

Il Comando delle Nazioni Unite di Seoul accolse l'offerta, con l'intesa che il *68th Field Hospital* sarebbe stato impiegato a favore della popolazione locale nonché dei soldati e gli eventuali prigionieri [13].

In seguito, tuttavia, da Washington giunsero istruzioni differenti [14], secondo le quali quello italiano doveva essere l'unico presidio sanitario addetto esclusivamente ai residenti.

---

[13] Nota della Presidenza del Consiglio dei Ministri, 06.06.1951.

Ma questa soluzione avrebbe comportato l'impossibilità di beneficiare delle indispensabili agevolazioni dell'organizzazione americana.

Quindi, la nostra Rappresentanza a Tokio suggerì un compromesso, subito accettato da tutti: la contemporanea utilizzazione per esigenze civili e per quelle militari "di seconda linea".

E con il successivo invio di due quotati chirurghi, il Comitato Centrale della Croce Rossa ritenne che il Presidio avrebbe potuto essere largamente usato anche per le forze combattenti [15].

Il Personale destinato alla Corea ricevette la giusta formazione alle armi in quindici intensi giorni presso un Deposito romano di Via Ostiense [16].
Agli Ufficiali del Corpo Militare fu consegnata una Beretta calibro 9 corto, mentre i Sottufficiali ebbero una pistola a tamburo Glisenti.
Inoltre, tutti i Militi si esercitarono con un Moschetto 91 per Truppe Speciali.
A quel punto, la Repubblica Italiana era davvero in grado di affiancare gli Stati della coalizione internazionale che, sotto la Bandiera dell'ONU stava partecipando alla guerra del 38° parallelo.

---

[14] Nota del Ministero degli Esteri, 14.11.1951.
[15] Nota del Comitato Centrale CRI, 03.04.1952.
[16] Vedi 3.1.

2.2 L'IMBARCO

Dapprima partì una Delegazione del Corpo Militare CRI, guidata dal Tenente Commissario Cesare **Novello**, un eroe della Seconda Guerra Mondiale.

Era stato insignito, infatti, della Medaglia d'Argento per aver salvato l'Ospedale della Croce Rossa di stanza in Montenegro.

Lo accompagnavano il Sottotenente Farmacista Gianluigi **Ragazzoni** e, in qualità di interprete, il Caporale Giovanni **Rovai**.

Avevano il compito di raggiungere il Quartier Generale delle Nazioni Unite a Tokio per concordare l'implementazione del Poliambulatorio italiano nel Sud Corea.

I tre s'imbarcarono il 23 ottobre 1951 all'Aeroporto romano di Ciampino su un aereo *Dakota* della Marina USA, ma ci volle un mese e mezzo per arrivare in Giappone, dopo aver fatto numerosi scali tecnici.

Le prime due tappe furono Atene e Tripoli.

In Libia, dopo aver preso possesso degli alloggi, i tre Graduati azzardarono una passeggiata in strada, ma la divisa delle nostre Forze Armate suscitò tra la gente reazioni contrastanti: alcuni residenti, infatti, applaudirono.

Molte altre persone, invece, guardarono minacciosamente gli Italiani, che fino a pochi anni prima erano stati dei colonizzatori.

Intervenne immediatamente una pattuglia della *Military Police* britannica che li accompagnò con la camionetta al Comando per interrogarli.

Una telefonata chiarificatrice con gli Americani, consentì il rilascio, sebbene con l'informale diffida dal circolare per le vie urbane per motivi di sicurezza [17].

Il viaggio riprese verso la metropoli egiziana Il Cairo e proseguì per la località saudita Dhahran, i centri indiani Nuova Delhi e Calcutta, la città birmana Rangoon e la Capitale tailandese Bangkok.

Quando atterrarono a Saigon, nell'odierno Vietnam, erano in corso i combattimenti tra le truppe francesi e le milizie locali; il soggiorno, quindi si rivelò piuttosto movimentato, anche perché Rovai assicurò di essere stato derubato nel sonno [18].

In Giappone, la Delegazione concordò con gli Alleati la destinazione dell'*Italian Red Cross Field Hospital*, che avrebbe operato in un sobborgo di Seoul.
Un <u>Colonnello</u> dei *Medical Corps* USA istruì i militari CRI sulle norme amministrative e sanitarie vigenti nell'ambito dell'Esercito impegnato al fronte.

Poi, i due Ufficiali ed il Caporale volarono nella Capitale della Repubblica di Corea, dove incontrarono il Comandante dell'Ottava Armata americana Van Fleet.

Ed il 16 novembre 1951 raggiunsero la città portuale di Pusan per ricevere tutti gli altri membri della Croce Rossa Italiana che erano in viaggio esattamente da un mese.

---

[17] Vedi 3.1.
[18] Rovai, *Memorie*, pp. 165 ss.

La Missione era infatti partita il 16 ottobre da Napoli sul trasporto americano *General W.C. Langfitt*, che ospitava pure 150 Olandesi destinati al fronte [19].
Dopo poche ore di operazioni, salpò alle due di notte.

La prima fermata fu al Pireo per accogliere tre centinaia di truppe combattenti del Battaglione Greco e poi ad Iskenderun, dove salirono a bordo 1.800 uniformi turche.

Dopo diversi giorni di navigazione, con un caldo equatoriale, giunse in Tailandia per l'ultimo imbarco di centocinquanta disciplinatissimi soldati.

Infine entrò nell'area marina che le Forze nipponiche avevano minato nella Seconda Guerra Mondiale; l'inquietudine era giustificata, poiché poco tempo prima una nave statunitense aveva urtato un ordigno galleggiante, accusando molti feriti [20].

Né fu tranquillizzante entrare nel Mar della Cina, ossia la Potenza che aveva avallato lo sconfinamento del 38° parallelo da parte dei Nordisti.

All'alba del 15, i passeggeri, svegliati da una temperatura quasi polare, realizzarono che la meta era ormai vicina.

Nel Porto coreano, l'arrivo venne salutato da una festosa cerimonia, funestata però dalla morte di uno dei paracadutisti locali, caduto rovinosamente al suolo.

Lo sbarco ebbe luogo in tempi rapidi ed il materiale fu raccolto in un campo di smistamento.

Nella settimana trascorsa sulla costa, il Personale rossocrociato poté farsi una prima idea del tristissimo spettacolo della guerra, osservando i due milioni di Settentrionali ammassati nei campi profughi ed i 15 mila prigionieri cinesi sistemati in una gigantesca tendopoli.

Il 22 novembre, gli Italiani presero posto su di un treno sanitario dell'Esercito americano che collegava Pusan con il fronte e, dopo un giorno ed una notte di viaggio, giunsero a Yong Dung Po, cittadina dell'*hinterland* della Capitale Seoul.

---

[19] Diario di viaggio di Aimini.
[20] Il Resto del Carlino, 05.08.1956.

L'**Ospedale da campo n. 68** venne allocato in due fabbricati che prima della guerra ospitavano una scuola; a seguito di un'efficace opera di ristrutturazione, il 12 dicembre 1951 poté cominciare la sua attività.

La sicurezza fu affidata a tredici poliziotti sudcoreani che montavano di guardia giorno e notte [21].
Almeno un agente era sempre presente all'ingresso mentre altri tre vigilavano attorno al recinto esterno, circondato da filo spinato.

La Croce Rossa stipendiava anche altri 57 lavoratori del luogo, tra personale di fatica, interpreti, infermiere, cuochi, carpentieri, lavandaie, rammendatrici e stiratrici.

Nel Poliambulatorio erano operativi i Reparti di Medicina Donne e Uomini e quello di Pediatria, il Pronto Soccorso, gli Ambulatori Medico, Oculistico e Dentistico, la Farmacia, il Laboratorio di Analisi Cliniche e Chimiche, la Sala Gessi ed il Dispensario Antitubercolare.

Vi lavoravano una settantina di persone del Corpo Militare e delle Infermiere Volontarie CRI, sotto la Direzione del Capitano Luigi **Coia**.

---

[21] Nota del Comitato Centrale CRI, 04.04.1952.

2.3 AL SERVIZIO DELL'ONU

L'Ospedale CRI 68 venne inquadrato nell'ambito dell'Ottava Armata degli Stati Uniti, alle dipendenze gerarchiche di un medico chirurgo americano.

Da un punto di vista logistico e funzionale, il suo compito era di fornire appoggio al *121th Evacuation Hospital* che da tempo era attivo nella vicina Seoul.

Tutti gli Italiani, anche per l'oggettiva inadeguatezza all'impiego dell'equipaggiamento fornito da Roma, indossarono sin dall'inizio le uniformi dello *US Army*.

E in seguito ebbero addirittura un'identità di cittadini statunitensi, ritenendo che ciò avrebbe favorito il trattamento da "prigionieri" previsto dal Diritto Umanitario [22], nel malaugurato caso di cattura da parte delle truppe nordiste.

Il 20 agosto 1952 [23], ad ognuno degli operatori rossocrociati del Presidio di Yong Dung Po venne consegnata la <u>Medaglia di Servizio dell'ONU</u>.

In lega di bronzo, dalla forma tonda, su un lato portava l'emblema dell'Organizzazione e sull'altro, entro un'orlatura, l'iscrizione:

PER SERVIZIO IN DIFESA DEI PRINCIPI

DELLA CARTA DELLE NAZIONI UNITE

Era sospesa ad un Nastro di seta consistente di nove strisce azzurre ed otto bianche oltre ad una barretta con la parola *KOREA*.

---

[22] Convenzione sul trattamento dei prigionieri di guerra, Ginevra, 12.08.1949.
[23] Diario Storico.

In base alla normativa internazionale [24], risultavano idonei ad indossarla

> *unità paramilitari o quasi militari [...]*
> *in appoggio all'azione delle Nazioni Unite in Corea*
> *e per le quali il Comandante in Capo [...] certifichi*
> *che hanno colà direttamente appoggiato le operazioni militari.*

A distribuirla tra i Graduati e la Truppa ed alle Infermiere Volontarie della Croce Rossa fu il Direttore del Poliambulatorio Luigi **Coia**.

La capacità dirigenziale di quest'ultimo impressionò il Comando per l'Assistenza Civile delle Nazioni Unite in Corea (UNCACK), secondo il quale i benefici cui il *68th Field Hospital* provvedeva erano dovuti in gran parte ai suoi sforzi personali nel coordinarne l'attività [25].

E ricevette addirittura la Medaglia della Libertà del Presidente americano per aver compiuto una missione "superiore alle sue possibilità" [26].

Pure le Autorità locali lodarono la gestione del Presidio sanitario.

In particolare, venne molto apprezzata la brillante idea di aprire un Ambulatorio in un quartiere della Capitale, dove una parte del Personale rossocrociato si mise a disposizione dei residenti.

Per questo nobile motivo, il Sindaco di Seoul volle consegnare di persona un Attestato di Benemerenza al Comandante ed all'Aiutante Maggiore Cesare **Novello**.

---

[24] Risoluzione n. 483 (V) dell'Assemblea Generale ONU, 12.12.1950.
[25] Nota UNCACK del 09.10.1952.
[26] Medaglia per la Libertà a Coia, 17.03.1953.

Poi, però, il Capitano prese la sorprendente iniziativa di autopromuoversi Maggiore, firmando come tale vari documenti.

Verosimilmente ciò accadde per il disagio provato rispetto ai più giovani colleghi statunitensi già Colonnelli [27].

Ma fu lo stesso Interessato [28] a fornire tre spiegazioni al suo gesto:

1. fu invitato a farlo dalle Autorità alleate;
2. lo fece per ragioni di prestigio di fronte alle altre Unità della Croce Rossa;
3. riteneva di avere il potere di farlo in quanto Comandante.

I primi due motivi di sicuro corrispondevano a verità, ma erano evidentemente privi di fondamento giuridico.

La terza giustificazione, invece, non poteva non creare un certo imbarazzo.

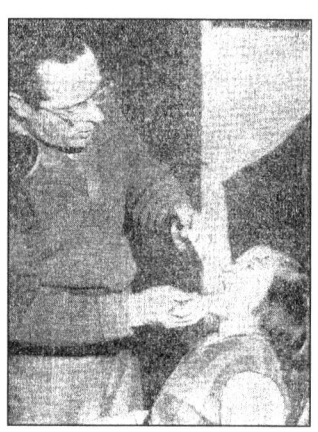

La situazione si complicò ulteriormente quando l'Ufficiale decise di conferire i gradi di Sergente a Giovanni **Sorrentino,** un Milite della Croce Rossa, che assisteva con perizia i medici odontoiatri coreani.

Con il suo contributo, dunque, sino all'estate 1952 oltre mille e cento persone, specialmente di giovanissima età, vennero assistite nell'Ambulatorio Dentistico.

Per questo motivo, avrebbe verosimilmente meritato un avanzamento di carriera, ma certo non a seguito di un atto illegittimo.

Il Comitato Centrale CRI decise allora di sollevare il Dottor Coia dall'incarico; questi partì per Pusan il 12 settembre '52, assieme allo stesso Tenente Novello, colpevole di non aver informato Roma della sopracitata autopromozione [29].

---

[27] Il Corriere della Sera, 22.02.1952.
[28] Nota del Comitato Centrale CRI sulle Questioni disciplinari.
[29] Relazione quindicinale del 16.09.1952.

Già dal primo del mese, il nuovo Comandante dell'Unità era diventato il Professor Fabio **Pennacchi**, un medico specializzato in neuropsichiatria, che aveva già partecipato ad operazioni belliche sia in Italia che all'estero.

Il suo arrivo a Yong Dung Po, assieme a due quotati chirurghi [30], diede inizio ad un nuovo corso sanitario.

Dimostrando doti non comuni di energia e di pronta decisione portò il Presidio CRI a diventare un centro di assistenza di prim'ordine a favore di oltre 175.000 civili del territorio attorno a Seoul.

Per questo, il Direttore del Poliambulatorio ricevette per la seconda volta la *Medal of Freedom* dal Presidente degli Stati Uniti [31].

Gli Americani ritennero che lo spirito organizzativo, le innovazioni nel campo amministrativo, l'attribuzione a ciascuno delle varie responsabilità e l'efficace utilizzazione dell'abilità e della perizia individuale ebbero per risultato la creazione di una magnifica assistenza medica e ospedaliera.

La consegna della prestigiosa medaglia al Maggiore venne affidata all'Ambasciatrice Boothe Luce.

---

[30] Vedi 2.4.
[31] Medaglia della Libertà a Pennacchi, 18.05.1955.

A tutt'oggi, nessun'altro Italiano ha avuto un riconoscimento di questa levatura.

E ciò amplifica e nobilita il piccolo-grande ruolo che nel conflitto del 38° parallelo hanno avuto il Corpo Militare e le Infermiere Volontarie della Croce Rossa, in rappresentanza dell'intera Nazione.

Persino la Rappresentanza diplomatica di Pechino desiderò esprimere il sincero apprezzamento per la cura e le cortesi premure offerte dal Personale rossocrociato ai membri della comunità cinese di Seul-Incheon [32].

Ma anche la Repubblica di Corea decise di premiare il nuovo Responsabile dell'Ospedale 68.

Per gli eccezionali servizi resi volti al benessere dei pazienti, infatti, l'Ufficiale si meritò il profondo rispetto della popolazione locale, facendo riflettere grande stima nei confronti di tutte le nostre Forze Armate.

Con questa motivazione [33], il Ministro della Difesa attribuì al Maggiore Pennacchi l'Ordine *Chungmu* al Merito Militare con Stella d'Oro.

---

[32] Lettera dell'Ambasciata cinese in Corea, 20.12.1954.
[33] Ordine Chungmu al Merito Militare al Maggiore Pennacchi, 10.06.1954.

Gli si riconobbe soprattutto un'abilità fuori dal comune e doti di comando in condizioni avverse, grazie alle quali si era costantemente adoperato per migliorare l'efficienza del *Field Hospital*, dimostrando sempre una vasta conoscenza delle scienze mediche.

In qualità di Direttore, inoltre, colpì lo sforzo instancabile per ampliare la capacità ricettiva e la gamma di servizi offerti dal Poliambulatorio, che poté quindi ospitare un numero straordinario di vittime di guerra e di semplici malati del posto.

Nella medesima cerimonia, venne conferita la Stella d'Argento alla Capogruppo delle Infermiere Volontarie [34].

La Croce Rossa Italiana nel 1954 concesse al Professor Pennacchi la Medaglia d'Argento al merito e nel 1969 quella d'Oro.

---

[34] Vedi 2.14.

2.4. CHIRURGIA DI GUERRA

Nei primi mesi della Missione, un importante quotidiano milanese denunciò che al *68th Field Hospital* non c'era nemmeno un chirurgo [35].

In realtà, il Comandante **Coia** vantava una lunga pratica operatoria [36] presso il Pronto Soccorso del Porto di Napoli, ma era integralmente assorbito dalla direzione dell'intero Poliambulatorio.

Il Dottor Giovanni **Perticucci** aveva una specializzazione in "chirurgia ortopedica", quindi si sentì in dovere di impugnare il bisturi, effettuando anche cinque interventi a notte [37] e riuscendo a salvare una bambina dalla peritonite.

Ma in almeno un paio di circostanze il Sottotenente ebbe meno fortuna: nella prima non venne trovata l'appendice da asportare.

Nell'altra occasione, a causa di un uso non appropriato delle pinze, si verificarono delle perforazioni intestinali [38].

E allora il Comitato Centrale della Croce Rossa, con la consulenza dell'Università di Roma, selezionò in Italia due eminenti professionisti.

Il Capitano Vittorio **Rossi** era già stato medico dell'Esercito e lavorava come Caporeparto di Chirurgia all'Ospedale militare di Udine, con lunga pratica operatoria anche di guerra, con interventi all'addome, al cranio ed al torace [39].

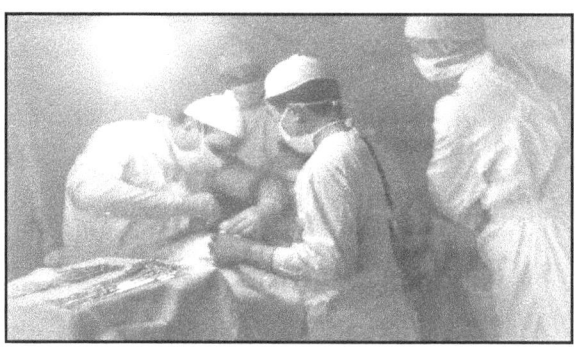

---

[35] Il Corriere della Sera del 22.02.1952.
[36] Nota del Comitato Centrale CRI del 19.02.1952.
[37] Oggi, 05.08.1956.
[38] Telespresso della Rappresentanza italiana in Giappone, 27.03.1952.
[39] Nota del Comitato Centrale CRI, 03.04.1952.

Guidò il Distaccamento inviato in Giappone [40] ed il soccorso ai superstiti della collisione ferroviaria di Osan [41].

Un decennio dopo avrebbe diretto in Congo l'Ospedale CRI n. 010 negli ultimi mesi della Missione ONU, premiata con il Nobel per la Pace [42].

Il Capitano Pietro **Poloni** aveva svolto le funzioni di Vice Direttore del Poliambulatorio di Pontedera e di Primario chirurgo in altri due nosocomi toscani, con una brillante statistica operatoria; vantava inoltre importanti pubblicazioni scientifiche [43].

A Yong Dung Po divenne membro del Consiglio d'Amministrazione del *68th Field Hospital* rossocrociato.

Nel giugno '52, per qualche giorno dedicò le poche ore di tempo libero per coprire il posto vacante alla Direzione di Radiologia [44], avendo conseguito una specializzazione accademica anche in quel settore.

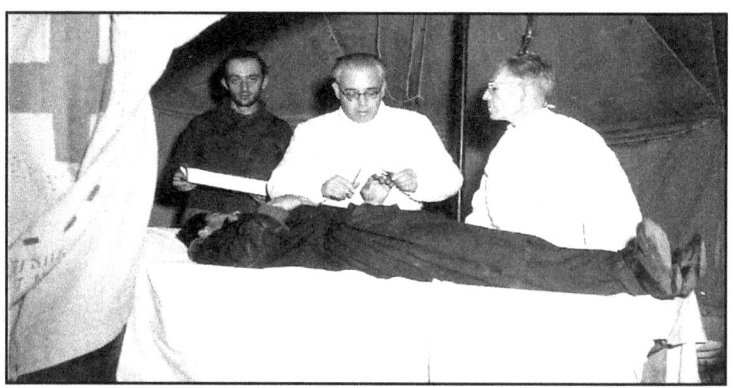

A seguito del deragliamento ferroviario di Kurori [45], il Ministero dei Trasporti della Repubblica di Corea consegnò un Diploma di Benemerenza ad entrambi i chirurghi del Corpo Militare [46].

---

[40] Vedi 2.13.
[41] Vedi 2.9.
[42] Vedi 2.19.
[43] Nota della Direzione Servizi Mobilitazione CRI del 03.04.1952.
[44] Vedi 2.12.
[45] Vedi 2.9.
[46] Relazione quindicinale del 01.11.1952.

Con il loro arrivo, il Presidio si arricchì quindi di due Reparti per un totale di ottanta letti, dove alla fine della Missione sarebbero stati ospitati più di 4000 pazienti, con una mortalità di un centinaio di persone.

In sala operatoria fu estremamente importante l'assistenza delle Sorella Angela **Mastromarino** nonché degli eclettici Emilio **Donatoni** ed Ercole **Toni**, quest'ultimo impegnato pure nella Sala Gessi [47].

Dal novembre 1953, a Yong Dung Po arrivò un nuovo contingente del Corpo Militare e delle Infermiere Volontarie della Croce Rossa.
A Chirurgia furono assegnati la Sorella Angiola **Gnavi** ed il giovanissimo Caporale Giovanni **Canali**.
Durante gli interventi si respirava sempre un'atmosfera piuttosto pesante, sia per la gravità della circostanza che per la severità dei dottori.
Ma, una volta usciti dalla sala operatoria, la tensione si scioglieva e vi erano momenti di socializzazione, soprattutto con i bambini del posto.

Su autorizzazione del Direttore, della pulizia e dell'ordine dei ferri si occupò per mesi "Luigino", un giovane Coreano che ambiva studiare in Italia e diventare un dottore [48].

Per un breve periodo, gli Ufficiali italo-americani Grossi (del *121th Evacuation Hospital* [49]) e Canzonetti (della nave *New Heaven* [50]) fornirono un qualificato aiuto.

---

[47] Vedi 2.6.
[48] Oggi, 05.08.1956.
[49] Vedi 3.1.
[50] Relazione quindicinale del 16.05.1953.

2.5. IL GIALLO DEI FARMACI

Un altro quotidiano italiano rivelò che a Yong Dung Po si somministravano farmaci risalenti addirittura al 1908, donati dalla Svezia quale aiuto fraterno per la popolazione vittima del terremoto di Messina [51].

Immediata fu la smentita del Direttore dell'Officina Farmaceutica della Croce Rossa, secondo cui la dotazione spedita da Roma possedeva tutti i requisiti terapeutici richiesti [52].

Il suo predecessore ammise l'invio di quantitativi ricevuti in omaggio dal Paese scandinavo nel 1947, ma comunque ottimamente preservati [53].

Ma, a prescindere dalla data di produzione, qualunque carico di medicine o di plasma non avrebbe mai potuto giungere in Corea senza aver subito un deterioramento, dopo un viaggio navale di settimane in stive verosimilmente prive delle ottimali condizioni di conservazione.

Inoltre, non si poteva escludere il pericolo di dannosissime infiltrazioni di acqua marina.

Per questo preciso motivo [54] l'Ufficiale Farmacista dell'Ospedale 68 si prese la responsabilità di non utilizzare quella partita, poi distrutta dagli Americani.

Da quel momento, il Sottotenente Gianluigi **Ragazzoni** del Corpo Militare CRI venne autorizzato a rifornirsi presso il *IV Army Medical Depot* USA.

E proprio in occasione di un approvvigionamento, rimase seriamente ferito con due commilitoni a seguito di un'incursione aerea [55].

---

[51] Il Giorno, 26.06.1956.
[52] Dichiarazione del Farmacista Virga, 27.06.1956.
[53] Dichiarazione del Farmacista Antonucci, 27.06.1956.
[54] Vedi 3.1.
[55] Vedi 2.10.

Ricevute le necessarie cure ospedaliere, tornò coscienziosamente al proprio lavoro.

Il Dottore seppe anche resistere, sotto la minaccia di una pistola, all'intimazione a consegnare della morfina ad un tossicodipendente.

Successivamente, si verificò un altro "giallo" relativamente ai medicinali.

Da Pusan, infatti, sparirono misteriosamente alcune casse destinate proprio al Poliambulatorio ed il sospetto che fossero state rubate non era affatto infondato.

Un Magistrato giunse dall'Italia per interrogare gli operatori portuali e pure i soldati etiopi che avrebbero dovuto scortare il treno merci.

L'inchiesta, però, venne archiviata.

Oltre al Responsabile, nella Farmacia lavoravano anche due Graduati di Truppa, uno dei quali era Ederiggio **Ionta**.

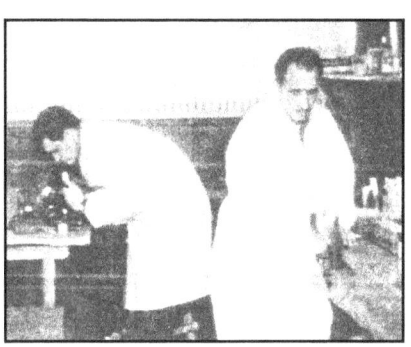

Il secondo era il Caporale Tommaso **Macale** che fornì il suo prezioso contributo anche nel Laboratorio di Analisi Cliniche e Chimiche, diretto dallo stesso Ragazzoni.
Vi si usava quasi esclusivamente strumentazione fornita dall'Ottava Armata statunitense, perché purtroppo da Roma giunsero soltanto un microscopio e dei vetrini.

L'attività del Reparto non si fermò nemmeno a seguito del rovinoso incendio che nel novembre 1953 distrusse il resto del Presidio [56].

Sin dall'inizio della Missione, infatti, le pareti erano state provvidenzialmente rinforzate con cemento armato.

---

[56] Vedi 2.11.

All'Ufficiale, che da molti anni risiede nel Sud Tirolo, il Governo della Repubblica Austriaca ha voluto recentemente dedicare un francobollo che lo ritrae al microscopio proprio durante l'esperienza all'Ospedale 68.

Grazie ai due anni di lavoro prestati nel Laboratorio di Yong Dung Po, nel corso dei quali vennero effettuati oltre ottomilaseicento analisi, il Dottor Ragazzoni ottenne *ex lege* l'abilitazione necessaria ad esercitare in Italia la professione di biologo [57].

Nel 1955, per il diligente ed instancabile servizio farmaceutico e laboratoristico, il Corpo Militare CRI conferì al Sottotenente la Medaglia d'Argento al Merito con palma.

Oltre alla particolare competenza, fu apprezzato soprattutto quello spiccato senso del dovere che permise a tutto il Reparto di sormontare difficoltà notevoli durante l'importante Missione asiatica [58].

Il riconoscimento andrebbe esteso agli altri incarichi non esplicitamente citati, come la partecipazione al lungo viaggio per il Giappone dell'autunno 1951 [59], durante il quale la Delegazione rossocrociata venne fermata dalla Polizia inglese e dovette transitare in luoghi teatro di combattimenti [60].

E, almeno in parte, ha forse limitato la beffa di quelle ferite riportate a seguito del mitragliamento dall'Aviazione nordista contro un'autocolonna americana [61], ma considerate dal Ministero della Difesa un banale infortunio sul lavoro.

La Croce Rossa consegnò una targa al Personale che aveva prestato servizio presso l'Ospedale da n. 68 per l'encomiabile spirito di sacrificio e la lodevole opera umanitaria prestata a favore della popolazione coreana.

---

[57] Vedi 3.1.
[58] Medaglia d'Argento CRI a Ragazzoni, 30.08.1955.
[59] Vedi 2.13.
[60] Vedi 2.2.
[61] Vedi 2.10.

 Per i medesimi motivi, il Comandante della Polizia Metropolitana di Seoul [62] rilasciò un <u>Diploma</u> di Riconoscenza al Sottotenente Farmacista e agli altri Ufficiali del Corpo Militare CRI impegnati nel sobborgo Yong Dung Po.

Il Dottor Ragazzoni fu rimpatriato per avvicendamento il 20 novembre 1953.

Pochi giorni dopo lo sostituì in Farmacia il parigrado Federico **Bonaccina**, che rimase in Asia sino al termine della Missione.

---

[62] Relazione quindicinale del 18.04.1953.

2.6 IL TRAUMA DI UN POPOLO

Durante la guerra, al Poliambulatorio italiano andavano a farsi curare persino i residenti dalla città portuale di Pusan, distante ben quattrocento chilometri; una mamma ne fece una trentina a piedi per consegnare il suo bimbo ustionato all'infermiera di turno a Pediatria [63].

Molti cittadini erano disposti a mettersi in disciplinata fila per farsi assistere dagli operatori CRI; e quando li incrociavano per strada, alzavano sorridenti il dito per indicare il "numero uno" [64].

Uno dei reparti maggiormente frequentati era la Sala Gessi, presso la quale agivano la Sorella Antonietta **Mojana** ed il Milite Michele **Ferraro**, in precedenza impegnato a Radiologia [65].

Era diretta dal Sottotenente traumatologo Enrico **Bosetti**, il quale, terminata la Missione, avrebbe deciso di avviare una clinica privata a Seoul [66] per poi divenire addirittura il medico di fiducia del Presidente della Repubblica.

Alle sue dipendenze, a Yong Dung Po lavorava Ercole **Toni**, che forniva il suo validissimo apporto anche a Chirurgia [67]: nei tre anni trascorsi in Corea l'instancabile l'infermiere eseguì l'impressionante cifra di 5570 apparecchi gessati [68], meritandosi la stima persino dei Generali americani.

---

[63] Vedi 2.8.
[64] Oggi, 1956.
[65] Vedi 2.12.
[66] Vedi 3.1.
[67] Vedi 2.4.
[68] Il Resto del Carlino, 05.08.1956.

Il Direttore dell'UNCACK, infatti, gli scrisse di proprio pugno una *Letter of appreciation* per aver curato moltissimi cittadini.

Toni contribuì alla "rinascita ed alla crescita" di Seoul, in qualità di operatore sanitario a Yong Dung Po.
Per questo motivo, alla fine del 1954 ricevette la Cittadinanza onoraria direttamente dalle mani del Sindaco, alla presenza del Ministro degli Esteri. La sua devozione al lavoro, a dispetto dei tanti limiti oggettivi, avrebbe costituito un vero "modello a cui ispirarsi" [69].

Su proposta del Comandante [70], la Croce Rossa conferì all'infermiere la Medaglia di Bronzo al merito con palma [71].
Gli fu riconosciuta l'abnegazione con cui aveva assolto i suoi compiti "senza limite di orario" e con scrupolosa onestà
E inoltre una particolare attitudine sia nel confezionare apparecchi gessati che nell'assistenza chirurgica [72].
Il Capo dello Stato Sandro Pertini, infine, firmò l'onorificenza di Cavaliere dell'Ordine al Merito della Repubblica Italiana [73].

---

[69] Cittadinanza onoraria a Toni, 30.12.1954.
[70] Lettera del Direttore Pennacchi, 09.06.1954.
[71] Medaglia di Bronzo CRI al Milite Toni, 21.06.1954.
[72] Vedi 2.4.
[73] Onorificenza del 20.07.1979.

2.7 SPIE AL 38° PARALLELO

Un popolare giornalista che aveva visitato l'Ospedale da campo n. 68, lo aveva definito "uno di quei tipici eroi italiani".

L'ortopedico del Corpo Militare CRI era infatti riuscito a salvare dalla peritonite una bambina del luogo, operandola pur senza essere un chirurgo specializzato in quel particolare settore [74].

Eppure a Giovanni **Perticucci**, le Autorità mossero l'addebito di "sobillare il Personale" ed il suo linguaggio e gli atteggiamenti [75] furono interpretati come una

subdola presa di posizione
non priva di un certo colore politico.

La nostra Ambasciata in Giappone, dunque, nel marzo 1952 sollecitò il Ministero degli Affari Esteri a richiamarlo quanto prima al fine di eliminare una situazione increscisa, che sarebbe divenuta pericolosa per l'intera Missione.

Alcune settimane prima [76], il Dottore era stato addirittura prelevato di forza al 38° parallelo, dove stava facendo fotografie, da alcuni soldati dell'Ottava Armata che portavano al braccio la scritta CIC [77] del controspionaggio americano.

Questi ultimi, recatisi al Poliambulatorio di Yong Dung Po, comunicarono al Direttore che il Sottotenente era stato dichiarato persona *non grata* in quanto sospettato di essere una spia del GPU [78] sovietico.

Poi mostrarono un documento di espulsione e si raccomandarono di farlo rimpatriare senza indugio.

Ma probabilmente la vera colpa del medico era soltanto quella di aver scritto una lunga serie di scomodissimi articoli sul quotidiano *L'Unità*, organo di stampa del Partito Comunista.

---

[74] Il Corriere della Sera, 22.02.1952.
[75] Telespresso dell'Ambasciata italiana a Tokio, 27.03.1952.
[76] Diario Storico.
[77] Counter Intelligence Corps (CIC).
[78] Direzione Politica di Stato, organo antesignano del celebre KGB.

E le immagini scattate alla frontiera dovevano dunque servire a corredare i *reportage* che con puntualità inviava alla Redazione di Roma.

In numerose corrispondenze dall'Asia firmate con l'enigmatica sigla R.P., si denunciavano infatti tutte le "atrocità" che sarebbero state commesse dagli Stati Uniti e dagli altri Paesi alleati.

Tra queste, venne data particolare enfasi alla barbara lapidazione di ventisette donne avvenuta nel settembre '51 nella cittadina di Penge [79].

Il mese successivo, l'inviato mostrò tutta la sua indignazione per la morte di un bambino in seguito all'incursione dei caccia *US Air Force* [80].

A dicembre, fu inoltre stigmatizzato il bombardamento effettuato dalle truppe delle Nazioni Unite sulla zona neutra di Kaesong [81].

Ma non si risparmiarono neppure gli scienziati giapponesi, accusati di aver compiuto esperimenti batteriologici sui prigionieri nordcoreani [82].

Il giornale svelò anche l'esistenza di un vero e proprio campo di concentramento nella parte settentrionale della Penisola [83] e contestò molto duramente il cosiddetto "massacro di Pongam" [84].

L'Autore di tutti questi *scoop* si permise persino di definire il Comandante Ridgway come "il boia di Seoul" [85].

Il Comitato Centrale della Croce Rossa, quindi, non poté fare altro che sollevarlo dall'incarico.

In seguito, si verificarono altri due episodi tipiche della *spy story*.

Il Sergente Maggiore Giuseppe **Gubbiotti**, per accedere alla Mensa Ufficiali ospedaliera svelò imprudentemente di essere un Agente SIFAR [86].

E' da escludersi, però, che si trattasse di millanteria in quanto della sua partecipazione alla Missione - nell'ambito della quale svolgeva decorosamente le mansioni di assistente anestesista - era di certo a conoscenza un funzionario del nostro controspionaggio [87].

---

[79] L'Unità, 18.09.1951.
[80] L'Unità, 18.10.1951.
[81] L'Unità, 12.12.1951.
[82] L'Unità, 06.12.1951.
[83] L'Unità, 03.12.1952.
[84] L'Unità, 18.12.1952.
[85] L'Unità, 02.12.1951.
[86] Sistema Informativo delle Forze Armate (SIFAR).
[87] In forza alla Direzione Servizi Mobilitazione del Comitato Centrale CRI.

L'accaduto non sembrò comunque modificare in modo concreto i rapporti del Sottufficiale con gli altri operatori del Poliambulatorio, sebbene il 20 novembre del 1953 fosse stato rimpatriato per "motivi di famiglia" [88].

Due anni dopo, il Comitato umbro della Croce Rossa gli conferì il Nastrino di membro-socio per il suo contributo fornito a Yong Dung Po [89].

Al ritorno a Roma [90], il Dottor **Ragazzoni** fu condotto a Palazzo Baracchini da due Carabinieri; dopodiché i Militari del Servizio Informativo dell'Aeronautica lo accompagnarono all'Aeroporto dell'Urbe.

In questi posti, il Sottotenente Farmacista fu interrogato a lungo sulla presenza in Corea di determinati aerei, carri armati e cannoni, forse perché era stato l'unico ad aver frequentato l'Accademia di Modena.

---

[88] Diario Storico.
[89] Scheda matricolare di Gubbiotti.
[90] Vedi 3.1.

2.8 I BAMBINI E LA GUERRA

All'inizio della Missione, il Caporale **Rovai** in un giro d'ispezione trovò una bimba malata e la fece subito ricoverare assieme alla mamma.

Poco dopo, provò a soccorrere un adolescente a cui una *jeep* aveva tranciato le gambe, che purtroppo morì durante il trasporto [91].

Questi furono i primi due interventi del *68th Field Hospital* a favore dei bambini, categoria che ha particolarmente sofferto gli effetti della guerra.

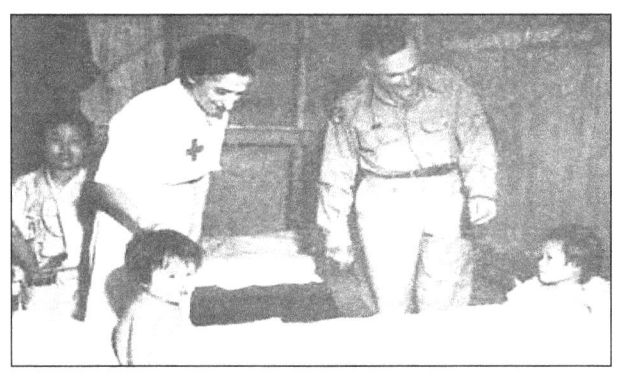

Incredibilmente, in alcune penose circostanze, essi hanno addirittura rappresentato un obiettivo militare.

È proprio quello che accadde nell'aprile del 1953: a Yong Dung Po un ordigno bellico era stato piazzato nella stufa di una scuola, verosimilmente da combattenti nordisti.

A seguito dell'inevitabile detonazione, rimasero feriti trentasei fanciulli, di cui alcuni in modo piuttosto grave.

Il Personale della Croce Rossa accorse immediatamente e, con gli automezzi a disposizione, ne trasportò 32 al vicinissimo Presidio sanitario italiano, dove vennero curati e dimessi [92].

Gli altri quattro infanti furono inviati all'Ospedale Civile della Capitale per la particolare serietà delle loro condizioni [93].

---

[91] Rovai, pp.163 ss.
[92] Relazione quindicinale del 01.03.1953.
[93] Allegato alla Relazione quindicinale del 06.04.1953.

Venne anche accolto un ragazzino coreano giudicato inguaribile da altri nosocomi per le fratture scomposte alle gambe ed alle braccia provocate dall'esplosione di un'altra bomba, che in tempi relativamente brevi poté riacquistare l'uso di tutti gli arti [94].

Nella primavera del '54, un brutto incidente si verificò sulla strada da Suwon a Seoul, pochi chilometri a sud del Poliambulatorio CRI: un bus con quasi quaranta persone a bordo si scontrò con un camion e finì in una risaia.

Accorsero tempestivamente le autoambulanze del Corpo Militare, che trasportarono e fecero ricoverare anche cinque minori, uno dei quali di soli nove anni [95].

Nei venti letti di Pediatria, vennero ospitati e guariti oltre seicentocinquanta pazienti, con 33 deceduti.

Troppo spesso la causa del ricovero si collegava alle mostruose condizioni di degrado in cui erano costretti a vivere nelle loro fatiscenti abitazioni.

Era facile, infatti, che giungessero all'*Italian Red Cross Field Hospital* piccoli cittadini con il viso rosicchiato dai topi [96].

Direttore del Reparto era il Tenente medico Carmine **Fusco**.

Il suo maggior merito, invero, fu di organizzare una ludoteca in una villetta adiacente al Presidio: riuscì così a sottrarre alla strada molti bambini del luogo, alleviando loro i disagi della guerra e della povertà.

Per questa iniziativa sociale, nel novembre '53 ricevette un Diploma di Benemerenza dal Ministero della Sanità sudcoreano [97], poco prima di essere rimpatriato.

---

[94] Oggi, 1956.
[95] Relazione sull'incidente di Tae Rim Dong, 09.04.1954.
[96] Vedi 3.4.
[97] Relazione quindicinale del 16.11.1953.

I casi clinici più complicati venivano affidati al Tenente Matteo **Saggese**, un dottore di solida esperienza e di una certa versatilità, caratteristiche assai utili in un ospedale da campo operativo a migliaia di chilometri dalla Madrepatria.

Ma dimostrò anche una grande capacità nell'affrontare le patologie tipiche dell'infanzia, procurandosi la benevolenza di molti giovani utenti.

A Yong Dung Po dirigeva Medicina Donne

Nel Reparto pediatrico offriva il suo contributo professionale il Tenente Carlo **Argenti**, sia come medico generico che come specialista in malattie degli occhi.
Sotto la sua direzione, inoltre, l'Ambulatorio Oculistico assistette quasi 35 mila persone.
Durante la permanenza in Corea, si perfezionò anche come anestesista, frequentando con profitto un corso tenuto dal *121st Evacuation Hospital*.

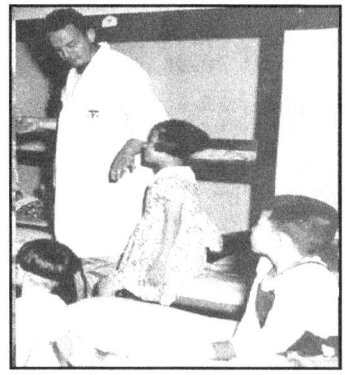

Proprio a Pediatria, il 6 gennaio del 1952 si dovette amaramente registrare il primo decesso avvenuto nell'Ospedale 68.

I medici della Croce Rossa, infatti, nulla poterono per salvare un giovanissimo Sudcoreano, portato dal mercato in uno stato di assideramento.

Il Tenente Cappellano fece appena in tempo a battezzarlo, in modo che potesse essere seppellito nel locale cimitero cattolico [98].

In seguito, Don Emerico **Lucchetti**, alla cui Messa partecipavano molti dei bambini assistiti nel Poliambulatorio, fu protagonista anche di un episodio involontariamente sacrilego [99].

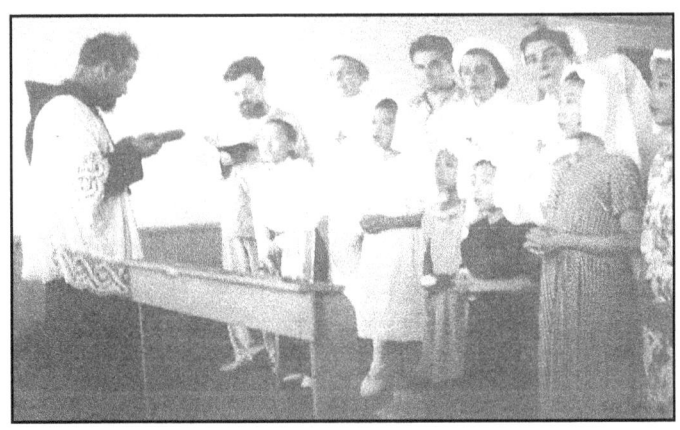

Si fece infatti inviare dall'Italia un fucile di alta precisione, con cui, durante una battuta di caccia, centrò alcuni esemplari di *ardea cinerea*.

Ma essendo l'airone un animale venerato in quella regione asiatica, la sua uccisione provocò lo sdegno degli abitanti, che elevarono una vibrata protesta.

Al fine di non pregiudicare l'eccellente rapporto fino a quel momento instauratosi tra la gente del posto ed il Personale rossocrociato, il sacerdote del Corpo Militare dovette porgere sentite scuse.

---

[98] Diario Storico.
[99] Vedi 3.1.

Una mamma non esitò a percorrere a piedi i trenta chilometri che separavano il suo paese da Yong Dung Po per consegnare il figlioletto gravemente ustionato nelle braccia della crocerossina di turno.
Le Sorelle CRI prestavano servizio anche a Pediatria, laddove si rivelava importante la presenza di un'infermiera.
E con professionalità furono in grado di stabilire una relazione di tale fiducia con i piccoli assistiti, che centinaia di bimbi coreani piansero al momento di doversi staccare da loro [100].

I letti del Reparto per molti mesi vennero rifatti da Song Te Oma, che dimostrava la metà dei suoi quindici anni.
"Luigino" si era presentato a piedi nudi al Poliambulatorio in una gelida notte del 1952; da allora venne "adottato" dal Personale rossocrociato e sviluppò un commovente rapporto affettivo con il Milite Ercole **Toni**.
Per ricambiare l'ospitalità, provvedeva alle pulizie, s'incaricava di quotidiane commissioni, lucidava le scarpe, faceva qualche acquisto e addirittura venne autorizzato a stare in sala operatoria, dove, con professionale compostezza, curava l'igiene e l'ordine dei ferri [101].
La sua attitudine ad imparare la lingua italiana gli consentirono di offrire pure un valido contributo come interprete.

---

[100] Oggi, 1956.
[101] Vedi 2.4.

2.9 IL DERAGLIAMENTO

Il Ministro della Difesa sudcoreano [102] definì il deragliamento di Kurori come

uno dei più tragici nel suo genere nella storia mondiale.

Il 17 settembre 1952, sulla linea ferroviaria Inchon-Seoul, un treno pieno di studenti e di operai uscì rovinosamente dai binari.
Molto probabilmente si trattò di un atto bellico, causato da partigiani nordisti che avevano sabotato le rotaie svitandone i bulloni.
Alle 7.45 il Personale dell'Ospedale da campo n. 68 era già pronto per intervenire; dopo soli dieci minuti le prime ambulanze, a suon di sirena, giunsero sul luogo del disastro, seguite a breve distanza dagli altri automezzi della Croce Rossa [103].

Senza sosta fu l'impegno degli instancabili barellieri del Corpo Militare CRI.
In una sola mattinata arrivarono nei Reparti e persino nei corridoi del Poliambulatorio di Yong Dung Po ben 161 passeggeri [104].
Di questi, 39 erano in gravi condizioni e quindi furono operati e trattenuti; purtroppo si dovettero effettuare parecchie amputazioni [105].
Tutti gli altri vennero curati ambulatorialmente dopo essere stati ingessati o soltanto medicati.

Il locale Dicastero dei Trasporti consegnò un Diploma di Benemerenza al Comandante, ai chirurghi ed al Capo delle Infermiere Volontarie [106].

---

[102] Conferimento della PUC, 10.06.1954.
[103] Diario Storico, 17.09.1952.
[104] Relazione quindicinale del 01.10.1952.
[105] Vedi 3.1.
[106] Relazione quindicinale del 01.11.1952.

Il 31 gennaio 1954 si verificò una catastrofica collisione ferroviaria nei pressi di Osan, a sessanta chilometri dalla città di Suwon.

La radio e, successivamente, la stampa lo presentarono all'opinione pubblica come uno tra i più gravi incidenti accaduti nella zona.

Un automezzo dell'Esercito USA ad un passaggio a livello era stato travolto da un convoglio di venti carrozze affollate da lavoratori pendolari, facendo deragliare sia la locomotiva che i primi due vagoni [107].

Più di cinquanta passeggeri erano morti sul colpo ed i feriti erano oltre un centinaio.

Sin dalle primissime notizie della disgrazia, un'ambulanza della Croce Rossa, con il Capitano **Rossi** ed alcuni assistenti, si mise in viaggio alla ricerca ed alla cura di superstiti: tutti presentavano gravi lesioni ed un forte *choc*.

Il medico effettuò anche delicate operazioni sul posto, tra le quali la disarticolazione delle braccia [108].

Grazie al fondamentale intervento degli automezzi americani, vennero trasportate a Yong Dung Po 55 persone.

Due di queste giunsero cadavere, mentre altre cinque spirarono pochi attimi dopo l'arrivo al Pronto Soccorso.

La totalità dei 48 pazienti rimasti in vita fu ospitata nel Poliambulatorio poiché le loro condizioni erano critiche.

Si dovettero effettuare una dozzina di interventi operatori di notevole entità, 26 ingessature e ventiquattro trasfusioni di sangue oltre a numerose saturazioni e medicazioni di varia natura [109].

Quella stessa notte, i chirurghi fecero un disperato tentativo di salvare un uomo, sorpreso a rubare in un magazzino americano, il cui intestino era stato perforato in cinque punti dai proiettili sparati dalle sentinelle [110].

Il Comandante delle Comunicazioni ed il Capo della Sanità dell'Ottava Armata espressero al Direttore dell'Ospedale italiano parole di elogio per l'immediata opera di assistenza compiuta.

Il Ministro della Difesa della Repubblica di Corea decantò le virtù di tutto il Personale rossocrociato per aver contribuito, con un aiuto d'emergenza disinteressato, a far guarire molti feriti [111].

---

[107] Pacific Stars and Stripes, 02.02.1954.
[108] Vedi 3.1.
[109] Relazione quindicinale del 03.02.1954.
[110] Vedi 3.4.
[111] Conferimento della PUC del 10.06.1954.

Nell'aprile '54, ci fu un serio incidente stradale a Tae Rim Dong, una località poco a sud rispetto al Presidio sanitario.

Un autobus era finito in una risaia, dopo essersi scontrato con un camion che trasportava materiale ferroso: accorsero immediatamente ambulanze italiane e statunitensi, che fecero ricoverare una quarantina di Sudcoreani [112].

Operazioni di salvataggio come quest'ultima o quelle di Kurori e di Osan, con dozzine di persone da trasferire, non sarebbero state possibili senza il complesso lavoro degli <u>autisti</u> del Corpo Militare CRI.

Il *68th Italian Red Cross Field Hospital* aveva messo a disposizione del Comandante delle Forze ONU un parco macchine composto da tre *jeep* Willis M38, due auto *Dodge* WC51, cinque ambulanze *Dodge* WC54 e tre GMC CCKW.

Alla guida di quei mezzi c'erano abili conducenti come Mario **Campana**, Cesare **Ercoletti**, Augusto **Fontana**, Ferdinando **Miceri**, Mario **Testa**, Isoliero **Sanetti** e Luigi **Solitari**.

Li coordinavano dapprima il Caporalmaggiore Giacomo **Marcangelo** e poi il Sergente Vincenzo **Fiaschetti**.

In occasione della disastrosa alluvione che mise in ginocchio il Giappone meridionale, i Caporali Pietro **Nisi** e Francesco **Reale** furono tra gli eroici componenti del Distaccamento inviato nell'isola di Kyushi [113].

Fausto **Isabella**, si arrangiava pure come meccanico e fece risparmiare preziosi fondi alla Missione [114].

Nell'autunno 1952 era rimasto ferito a seguito di un'incursione aerea mentre conduceva una delle auto di servizio [115].

---

[112] Relazione sull'incidente di Tae Rim Dong, 09.04.1954.
[113] Vedi 2.13.
[114] Lettera riservata del Direttore Pennacchi, 09.06.1954.
[115] Vedi 2.10.

2.10 L'INCURSIONE

Dopo sole cinque settimane dalla tragedia di Kurori [116], l'Ospedale da campo n. 68 fu nuovamente coinvolto in un atto di guerra.

Nell'autunno del 1952, una lunga colonna composta da una trentina di automezzi dell'Ottava Armata americana scortati da blindati si stava recando alla Base K16, percorrendo la strada che collegava il sobborgo Yong Dung Po alla Capitale [117].

Una *jeep* aveva la targa CRI 68 e la scritta *Italy* sulla parte anteriore. Si trattava di una delle macchine di servizio del Poliambulatorio gestito dal Personale rossocrociato ed inquadrato nell'Ottava Armata degli Stati Uniti.
Alla guida c'era il Caporale Fausto **Isabella**, uno dei più esperti autisti del nostro contingente.

Il Direttore ne aveva una particolare stima, al punto che due anni dopo avrebbe proposto al Presidente dell'Associazione di conferirgli una Medaglia di Bronzo [118].

Dell'equipaggio facevano parte anche due degli Ufficiali del Corpo Militare.

Quel 28 ottobre avevano avuto il compito di provvedere al rifornimento del dispensario dei medicinali.

Quando i farmaci del Presidio di Yong Dung Po non giungevano da Roma, infatti, venivano prelevati direttamente presso il *6th Army Medical Depot* dell'Esercito USA.

---

[116] Vedi 2.9.
[117] Vedi 3.1.
[118] Lettera riservata del Direttore Pennacchi, 09.06.1954.

Il Sottotenente Gianluigi **Ragazzoni** era il Responsabile della Farmacia e del Laboratorio di Analisi Cliniche e Chimiche [119] nonché uno dei componenti della Delegazione che in Giappone aveva concordato con gli alleati l'ubicazione dell'Ospedale da campo n. 68 [120].

Il Tenente Ugo **Puntieri** svolgeva le mansioni di Commissario e quindi si occupava soprattutto dell'approvvigionamento sanitario, con risultati particolarmente graditi al Comando della *Eigth Army* [121].

Giunto nei pressi dell'Aeroporto statunitense, il convoglio fu attaccato da una flottiglia di MIG 15 [122] guidati da piloti nordcoreani, che utilizzarono le mitragliatrici di bordo.

L'intensa pioggia di fuoco provocò diverse vittime fra i soldati e durò sino all'intervento dei caccia americani, subito accorsi dalla vicinissima Base della *US Air Force*.

Quell'incursione non risparmiò neppure l'auto italiana, che fu violentemente sbalzata in aria dai proiettili e finì in una risaia [123].

I tre vennero ricoverati presso il *121th Evacuation Hospital* di Seoul, poi la degenza proseguì nel Presidio di Yong Dung Po.

Ragazzoni riportò una ferita lacero-contusa alla fronte e degli ematomi alla gamba ed al ginocchio destri [124]; anche Puntieri fu colpito alla testa, mentre l'autista rimase solo acciaccato in diverse parti del corpo.

Ai reduci negarono sia l'onorificenza militare [125] che quella civile [126]; ricevettero soltanto il Distintivo d'Onore per i feriti in servizio [127] ed una piccola indennità *una tantum* [128].

---

[119] Vedi 2.5.
[120] Vedi 2.2.
[121] Vedi 2.15.
[122] Aerei da combattimento di fabbricazione sovietica.
[123] Vedi 3.1.
[124] Stato di Servizio di Ragazzoni.
[125] Nota del Ministero della Difesa, 21.06.2005.
[126] Nota del Ministero dell'Interno, 26.01.2003.

Nell'inverno precedente - la notte del 9 dicembre '51 - partigiani nordisti, dopo aver assalito il quartiere di Yong Dung Po, presero di mira anche l'Ospedale 68, forse con l'intento di svuotarne il magazzino.

La reazione della sorveglianza fu immediata e ciò provocò un breve scambio di colpi di arma da fuoco.

Gran parte del Personale rossocrociato stava dormendo e, uditi i primi spari, tutti balzarono giù dal letto, cercando di organizzarsi per poter fronteggiare al meglio qualsiasi evenienza.

Fortunatamente, gli assalitori decisero di ripiegare; a triste testimonianza dell'attacco notturno, si rinvennero sul terreno alcuni cadaveri [129].

---

[127] Nota del Ministero della Difesa, 13.03.1964.
[128] Nota del Ministero del Tesoro, 11.10.1960.
[129] Vedi 3.3.

2.11 L'INCENDIO

Al Poliambulatorio di Yong Dung Po si erano già verificati due piccoli incendi all'inizio del 1952, il primo dei quali nella tenda del gruppo elettrogeno che alimentava Radiologia.

L'altro coinvolse il magazzino degli Americani sottostante alla camerata, senza peraltro causare danni di particolare entità [130].

Ma quello che divampò la mattina del 30 novembre [131] sul terrazzo ove erano situati i lavandini e le latrine del I Reparto Chirurgia e di quelli di Medicina fu davvero devastante.

Vista l'assoluta impossibilità di estinguere o circoscrivere il fuoco, non restò che procedere all'evacuazione delle 137 persone ricoverate, fra i quali una trentina di bambini e diciassette barellati.

Appena fuori dall'edificio, vennero tutti avvolti nelle coperte messe a disposizione dai soldati statunitensi.

---

[130] Diario Storico.
[131] Relazione sull'incendio, 02.12.1952.

Una parte fu smistata nella stessa mattinata all'Ospedale Civile di Seoul, mentre i degenti in via di guarigione vennero rimandati alle proprie case.

L'operazione di salvataggio, compiuta dal Personale della Croce Rossa Italiana, si svolse in condizioni di estremo pericolo, in locali predati dalle fiamme ed invasi sin dall'inizio da un fumo che ostacolava la visibilità e la respirazione.

Alle Autorità accorse sul luogo parve quasi incredibile la completa incolumità di tutti i pazienti compiuta nei soli venti minuti intercorsi fra l'inizio della conflagrazione ed il crollo delle strutture interne dello stabile.

Entro mezzogiorno i militari rossocrociati riuscirono persino a mettere al sicuro gran parte del materiale, cominciando da quello di maggior valore.

Ciò fu possibile in quanto nessuno esitò a gettare fuori dai locali ogni cassa che potesse passare dalle finestre.

Quasi tutte le più voluminose attrezzature sanitarie, inevitabilmente, andarono distrutte.

In base all'indagine dei vigili del fuoco, la causa di tutto era da ricondursi all'uso maldestro di uno scaldatore d'acqua a benzina.

Le forze dell'ordine locali arrestarono un addetto alle pulizie coreano, il quale confessò di aver versato a terra del liquido che, infiammandosi, avrebbe investito le pareti di legno e subito dopo il sottotetto ed il solaio, nonostante le prevenzioni antincendio predisposte dall'Ottava Armata.

Il particolare tipo di costruzione e la presenza di intercapedini in tutti i vani dell'edificio avrebbe favorito l'immediato estendersi delle fiamme e reso inutile lo sforzo dei pompieri.

Ma, a prescindere dall'opinione degli inquirenti, verosimilmente l'incendio era di origine dolosa, poiché divampò in tre punti diversi dell'edificio [132].

---

[132] Vedi 3.1.

I responsabili potrebbero essere stati degli infiltrati del Nord, che intendevano dunque colpire un bersaglio "militare".

Il Consiglio d'Amministrazione stabilì che il funzionamento dell'Ospedale n. 68 venisse a cessare totalmente con decorrenza primo dicembre [133].

Tuttavia, dispose anche che entro 4 o 5 giorni riprendesse il funzionamento degli Ambulatori e del Pronto Soccorso.

Nei mesi successivi all'incendio, l'attività fu necessariamente limitata ai servizi ambulatoriali, che furono sempre della massima utilità per la popolazione, dato che vennero eseguite oltre 33 mila prestazioni sanitarie e persino 164 interventi chirurgici importanti [134].

Si provvide poi a rafforzarla con un servizio di *Emergency* particolarmente efficiente, dato che gli Americani tenevano molto alla piena funzionalità dell'unico ospedale da campo sino al fronte di cui avevano piena fiducia [135].

In un primo momento, si pensò di trasferirlo nell'edificio occupato dai servizi, rimasto fortunatamente illeso, trovando per il Personale una sistemazione di ripiego sotto tenda.

Ma il Comando lo ritenne inopportuno, perché lo stabile era ancora più pericoloso dell'altro per il minor numero di scale d'accesso e di uscite e i locali risultavano in parte lesionati.

Non sarebbe stato attuabile, quindi, un salvataggio come quello appena compiuto.

A gennaio del 1953, in un piccolo immobile concesso dal Distretto di Polizia, riprese pure il funzionamento del Reparto pediatrico, sebbene limitato a soli dodici posti letto [136].

Il Responsabile ONU per l'Assistenza Civile scrisse all'Ambasciata Italiana in Giappone [137] per garantire il pieno appoggio affinché il *68th Field Hospital* riprendesse

> il suo splendido lavoro, che consideriamo essenziale
> per la salute ed il benessere della popolazione di Yong Dung Po.

---

[133] Verbale del CdA n. 20/1952.
[134] Promemoria CRI del 01.07.1953.
[135] Relazione quindicinale del 02.12.1952.
[136] Relazione quindicinale del 16.01.1953.
[137] Lettera UNCACK del 11.12.1952.

Poco tempo dopo, infatti, grazie al finanziamento del Piano di ricostruzione della Corea delle Nazioni Unite, arrivarono dieci baracche a tubo prefabbricate e tutto il materiale necessario.

Il nuovo Ospedale da campo n. 68 di Yong Dung Po, eretto proprio di fronte a quello vecchio, fu inaugurato il 25 febbraio 1953, con gli onori di rito di un plotone del Corpo Militare della Croce Rossa Italiana [138].

I lavori di ricostruzione proseguirono per tutto il mese di marzo; l'attività poté riprendere a pieno ritmo dal 6 aprile nei padiglioni concessi dagli Alleati [139].

Nella cerimonia d'inaugurazione, il comando dello schieramento venne affidato al Sottotenente Contabile Armando **Ricchiardi**.
Era tra i pochi ad indossare sempre la pistola d'ordinanza e l'elmetto oppure un berretto americano.
Al Poliambulatorio svolse le funzioni di Aiutante Maggiore dal settembre '52 [140]; in questa veste, ricevette dei Diplomi di Benemerenza dal Sindaco di Seoul e dalla Polizia Metropolitana.

---

[138] Relazione sull'inaugurazione, 24.02.1953.
[139] Diario Storico.
[140] Vedi 2.3.

2.12 RADIOGRAFIA DELLA GUERRA

Lo sciagurato intento di fermare l'attività dell'intero *68th Field Hospital*, considerato un obiettivo nemico dai Nordisti, era evidentemente fallito: l'incendio non aveva infatti danneggiato i locali riservati al servizio di Radiologia.

Ciò accadde perché sin dall'inizio della Missione le pareti erano state rinforzate con il cemento armato per prevenire gli effetti negativi dei raggi X
Il Reparto aveva sempre lavorato nelle migliori condizioni ambientali e, contrariamente ad altri settori, aveva a disposizione macchinari della più avanzata tecnologia.
Veniva diretto dal Tenente Marcello **Randaccio**.

In piena armonia con il Dottore, agivano il Sottufficiale Antonio **Meden** e l'infermiere Michele **Ferraro**.
Fino alla primavera del 1952, la Croce Rossa era stata in grado ad assicurare quasi 450 scopie, oltre 550 grafie e circa ottocento film a servizio della popolazione locale, procurandosi il vivo apprezzamento delle Autorità alleate [141].
Ma il carico di lavoro diventò davvero pesante e così aumentò l'organico, che per un paio di mesi fu quindi composto da quattro persone.

---

[141] Lettera di Puglisi, 06.03.1952.

Era infatti giunto come rinforzo un ex paracadutista che sino a quel momento a Yong Dung Po aveva operato a tempo pieno nella necessaria attività di ristrutturazione degli edifici che ospitavano il Presidio.

Integrandosi perfettamente nel gruppo e denotando una spiccata attitudine all'apprendimento, Giovanni **Riboldi** in dieci mesi di intenso lavoro divenne un eccellente tecnico radiologo.

Per questo motivo, ottenne dal suo Comandante un preziosissimo attestato che gli avrebbe permesso, una volta rientrato in Italia, di lavorare presso l'Ospedale "Maria Vittoria" di Torino e poi in altre strutture sanitarie sia civili che militari [142].

L'attaccamento al Tricolore ed alla Bandiera del Corpo Militare gli avrebbero fatto rifiutare negli anni Sessanta il lauto compenso offertogli da alcuni individui che reclutavano soldati di ventura per combattere in Congo contro le truppe delle Nazioni Unite.

Se avesse accettato, paradossalmente avrebbe forse partecipato alle aggressioni perpetrate nella regione secessionista del Katanga contro l'Ospedale CRI n. 10, diretto proprio dal Dottor Giovanni Rossi [143].

Ma a giugno '52, la *jeep* a bordo della quale viaggiava Randaccio andò a sbattere contro un albero e cappottò, provocandogli la frattura del collo dell'omero sinistro [144].

Per ragioni di salute, dunque, l'Ufficiale fu rimpatriato assieme al Capitano Coia, all'ex Aiutante Maggiore Novello ed allo stesso Riboldi.

Venne quindi a mancare il Dirigente del Reparto.

---

[142] Vedi 3.3.
[143] Vedi 2.4.
[144] Relazione quindicinale del 01.06.1952.

Il posto vacante, almeno nei primissimi giorni, venne generosamente occupato da uno dei due chirurghi [145], nelle poche ore di tempo libero che gli lasciava l'attività in sala operatoria.

Poi esercitò per qualche settimana uno specialista dello *US Army*, distaccato dal vicino Ospedale dell'Ottava Armata..
A luglio finalmente giunse in Corea il Sottotenente Gerardo **Chianura**, che però svolse la sua funzione solo fino al settembre 1953, quando fu ricoverato presso gli Americani e quindi anche lui se ne dovette tornare in Italia [146].

Da quel momento, il Sergente Maggiore Meden si adoperò per portare le lastre ai medici statunitensi del *121th Evacuation Hospital* e da dicembre lo sostituì in questo compito il Milite Enzo **Benassai**.
Al termine della Missione, le scopie furono oltre quattromila, le grafie superarono abbondantemente il numero di 13 mila e vennero infine assicurati più di 21.000 film [147].

---

[145] Vedi 2.4.
[146] Relazione quindicinale del 01.10.1953.
[147] Ragazzoni, p.16.

2.13 L'ALLUVIONE

Nell'estate del 1953, violentissime inondazioni flagellarono la parte meridionale del Giappone, in particolare l'isola di Kyushu, ubicata proprio di fronte al Sud Corea.

All'improvviso, migliaia di cittadini si erano ritrovati senza la casa e gli agricoltori avevano visto impotenti il loro campo sommerso.

Risultò subito evidente che il Governo di Tokio non era più in grado di garantire la sopravvivenza di molta gente.

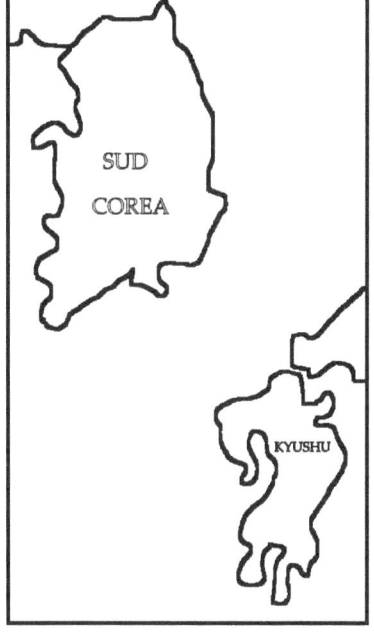

Il *68th Field Hospital*, sebbene fosse oltre le sue competenze territoriali, decise di intervenire a favore della popolazione.

Da Yong Dung Po, dunque, partì un Distaccamento di nove elementi [148]: il chirurgo Vitttorio **Rossi** guidava una squadra sanitaria composta da un tisiologo e tre paramedici esperti.

Li accompagnavano un amministrativo, l'interprete e due tra i più abili autisti.

Atterrarono tra il 4 ed il 5 luglio con aerei messi a disposizione dagli Alleati.

Ad Itazuka furono immagazzinate le tende ed il materiale necessario per la messa in opera di un pronto soccorso.

Poi si trasferirono presso l'Ospedale americano di Fukuoka, dove le Autorità nipponiche misero a disposizione un Ufficiale di Collegamento.

La locale Croce Rossa stabilì che il Reparto italiano avrebbe dovuto iniziare l'attività di assistenza a Hinashiro Mura, un paesino di appena 3.500 abitanti, in prossimità del quale una diga era crollata [149].

---

[148] Relazione del Capo Distaccamento CRI a Kyushu, luglio 1953.
[149] Lettera di Mojana, 14.07.1953.

Una volta sul posto, nonostante le proibitive condizioni atmosferiche, in poco più di quattro ore furono montate ed attrezzate due pesantissime tende modello 1918: già dall'alba dell'otto luglio i primi cinquanta pazienti poterono quindi essere ricevuti nell'ambulatorio.

Alla fine della mattinata, però, la pioggia incessante allagò tutto lo spazio disponibile e ciò costrinse il Personale a spostare l'attrezzatura dapprima sotto un vecchio tempietto e, l'indomani, in una casa lesionata e disabitata.

La situazione si complicò drammaticamente a metà mese, quando cedette l'argine di un fiume e l'acqua invase i villaggi della campagna.

Divenne così necessario lo spostamento in barca per visitare ed evacuare gli ammalati.

I militari CRI, fradici ed infangati, riuscirono comunque a mettere al sicuro farmaci e strumenti e persino a distribuire razioni di viveri tra i residenti.

Negli ultimi giorni di attività, dal 19 al 21, il Presidio venne retto soltanto dal Dottor Giovanni **Galbani** e dalla Sorella Antonietta **Mojana**, dopo di che subentrò il medico cattolico del posto.

Ma, nel frattempo, il Comandante e gli infermieri Maria Luisa **Corsi Di Bosnasco** e Vincenzo **Tullo** avevano aperto un secondo Distaccamento ad Hoisimachi, popoloso e poverissimo quartiere della città di Kurume.

I Graduati Pietro **Nisi** e Francesco **Reale**, guidando attraverso una strada quasi impraticabile un paio di autocarri messi a disposizione dall'Esercito statunitense, permisero il trasferimento nella nuova destinazione.

Per un'altra settimana fu quindi possibile prestare aiuto a molte altre persone in serissima difficoltà.

Il 26 luglio 1953, dopo che il Milite Savino **Dantone** ed il referente giapponese ebbero tradotto i nomi e le relative prescrizioni, i medicinali rimasti furono distribuiti fra gli abitanti.

Nelle ventidue giornate di durissimo lavoro nel martoriato territorio giapponese, dunque, la Missione rossocrociata aveva complessivamente assistito 1783 alluvionati, in buona parte mamme e bambini di ogni età.

Le loro condizioni di salute erano state rese precarie soprattutto dall'acqua inquinata, dal deterioramento alimentare, dall'umidità persistente e dall'affaticamento dovuto al ripristino delle abitazioni e dei terreni [150].

---

[150] Relazione del Capo Distaccamento CRI a Kyushu, luglio 1953.

Grazie ad una complessa attività logistico-amministrativa curata dal Maresciallo Mario **Ponti**, la Croce Rossa riuscì a smistare tra la popolazione 18 quintali di viveri (carne in scatola, marmellata, biscotti, pasta, zucchero, latte emulsionato e condensato) inviati dal Comitato Centrale di Roma [151].

---

[151] Nota del Comitato Centrale CRI, 07.08.1953.

2.14 IL FIORE DELL'ETERNITA'

Nel novembre 1953, l'Ispettrice Nazionale delle Infermiere Volontarie CRI conferì il prestigioso riconoscimento del "Fiore dell'Eternità" alle prime sei Sorelle che avevano prestato servizio presso l'Ospedale da campo di Yong Dung Po ed erano quindi rimaste in zona di guerra per circa due anni [152].

Anche loro, infatti, erano salpate da Napoli nell'autunno '51 [153] assieme ai componenti del Corpo Militare.

Durante la navigazione sulla *General W.C. Langfitt*, che ospitava pure due colleghe olandesi ed una greca, indossarono l'uniforme della Croce Rossa col velo blu.

Si effettuarono vari scali per il rifornimento, senza che i passeggeri potessero toccare terra.

A Colombo, nell'attuale Sri Lanka, la moglie del Rappresentante italiano salì a bordo per invitare le Signore all'Ambasciata; ma il Capitano della nave negò il permesso di scendere per non discriminare gli altri militari [154].

All'arrivo nel Porto sudcoreano di Pusan, un mazzo di fiori venne offerto alle nove crocerossine europee.

Nei giorni successivi, le Italiane vennero provvisoriamente alloggiate presso il *22th Evacuation Hospital* dell'Ottava Armata USA [155].

---

[152] Relazione quindicinale del 16.11.1953.
[153] Vedi 2.2.
[154] Vedi 3.2.
[155] Diario di viaggio di Aimini.

Coabitarono dunque con le *nurse* della CR americana, che però non avevano un ruolo sanitario, ma prettamente organizzativo.

Poterono inoltre apprezzare l'eleganza e l'efficienza delle infermiere rossocrociate della Danimarca e della Svezia ed ebbero persino l'onore di essere salutate personalmente dal Principe ereditario della Tailandia [156].

Una settimana dopo lo sbarco, il contingente raggiunse in treno Yong Dung Po e tutti si prodigarono per implementare il nuovo Presidio sanitario.

Negli alloggi riservati al Personale, le infermiere si sistemarono tutte in un'unica camera, dotata di una stufa a cherosene.

Il 12 dicembre '52, quando il Poliambulatorio poté cominciare la sua attività, ognuna di loro venne nominata Caporeparto [157] dal Direttore ed assegnata presso il relativo settore.

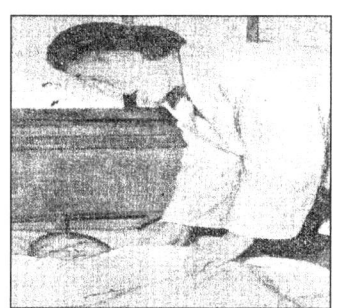

La più esperta era sicuramente il Sottotenente Antonietta **Mojana**, operativa presso la Sala Gessi [158].
Ma per l'indiscussa abilità nel trattare i bambini forniva il suo prezioso contributo pure a Pediatria [159].
Fu l'unica tra le Sorelle italiane a ricevere un Diploma di Benemerenza dal Ministero della Sanità sudcoreano [160].

Nell'estate 1953, svolse un ruolo fondamentale nella complicata operazione di soccorso della Croce Rossa nell'isola nipponica di Kyushu in favore della popolazione alluvionata.

In particolare, seppe coadiuvare con la dovuta professionalità il medico tisiologo del Corpo Militare nel reggere il Distaccamento di Hinashiro Mura negli ultimi tre giorni di attività [161].

---

[156] Diario di viaggio di Aimini.
[157] Vedi 3.1.
[158] Vedi 2.6.
[159] Vedi 2.8.
[160] Relazione quindicinale del 16.11.1953.
[161] Vedi 2.13.

In Giappone era stata inviata pure Maria Luisa **Corsi di Bosnasco**, la quale, per una missione umanitaria così impegnativa, venne preferita alle altre colleghe in base all'oggettivo criterio dell'anzianità di servizio [162].

Il suo impegno si rivelò indiscutibilmente all'altezza.

L'infermiera Angela **Mastromarino** si guadagnò in fretta la massima fiducia dei severi chirurghi del Corpo Militare CRI, che entrambi espressero parole di grande apprezzamento per la sua diligente attività di supporto in sala operatoria [163].

A Medicina Uomini fu nominata Caporeparto Caterina **Aimini**, già resasi utile durante il lungo tragitto in mare suonando un *armonium* in occasione della Messa ed autrice di un prezioso diario di viaggio [164].

Dirigeva il corrispondente settore femminile Alma **Pascutto**, che, ultracentenaria, nel 2011 avrebbe ricevuto una Medaglia dall'Ambasciata sudcoreana a Roma.

La Capogruppo Anna Maria **Rosi** rimase a Yong Dung Po sino alla fine della Missione italiana.

---

[162] Vedi 3.2.
[163] Vedi 3.1.
[164] Diario di viaggio di Aimini.

La maggiore difficoltà affrontata nel biennio di lavoro fu la rigidissima temperatura, che all'esterno toccava i 26 gradi sotto zero e dunque faceva gelare l'acqua corrente.
Per poter riposare la notte, quindi, le Sorelle furono costrette a sistemare sulle lenzuola fino ad otto coperte.
Durante il servizio indossavano la divisa d'ordinanza, che però non era assolutamente adatta a quel clima.
Per tutta la stagione invernale dovettero quindi indossare la *WAC Uniform*, il tipico giaccone verde utilizzato dall'Esercito americano.

Dopo aver visto per più di un anno tanta miseria e sofferenza in Corea, le cinque crocerossine subalterne si concessero qualche giorno di svago in Giappone, approfittando di un aereo americano che necessitava di assistenza tecnica a Tokio.

Alloggiarono in uno dei più costosi alberghi della Capitale, in *suite* singole con vasca da bagno grande come una piccola piscina e consumarono una buona cena.

Ma il piano di "stare alla larga" [165] dalla Rappresentanza diplomatica italiana, che nulla sapeva di questo viaggio, fallì già al mattino successivo.

Infatti, vestite con il gonnellino e la blusa blu senza segni distintivi di Croce Rossa, furono avvicinate nella *hall* da una distinta Signora, che, stupita dal vedere turisti in tempo di guerra, si rivelò essere proprio la figlia dell'Ambasciatore.

Il primo nucleo di infermiere, ad eccezione della loro *leader*, fu rimpatriato per avvicendamento il 16 novembre 1953 [166].

---

[165] Corpo Militare Informa, aprile-maggio 2008.
[166] Diario Storico.

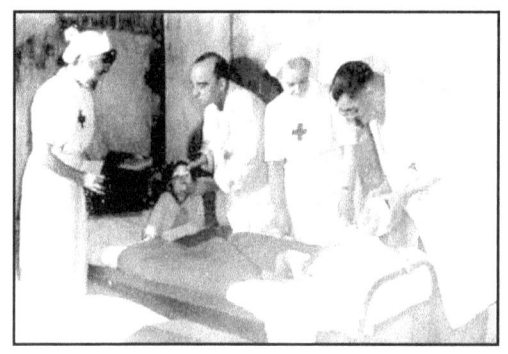

Subito dopo, al Poliambulatorio di Yong Dung Po presero servizio altre cinque Sorelle della Croce Rossa Italiana, che rimasero sino alla fine della Missione.
La loro professionalità venne riconosciuta dai medici del Corpo Militare.

Jolanda **D'Odorico** e Dina **Pantaleoni** furono assegnate ai due Reparti di Chirurgia.
Celestina **Franceschi** divenne Caporeparto a Pediatria e Amalia **Iodice** a Medicina Donne.
Ad Angiola **Gnavi** il compito di assistere i due chirurghi in sala operatoria [167].

---

[167] Vedi 2.4.

Nella stessa occasione in cui era stata conferita al Comandante la Stella d'Oro [168], il Capitano Anna Maria **Rosi** ricevette dal Ministero della Difesa sudcoreano l'Ordine di *Chungmu* al Merito Militare con Stella d'Argento.

Il Capo delle crocerossine, tra le innumerevoli difficoltà, si era instancabilmente dedicata alla crescita dell'Ospedale con abilità professionale ed una vasta conoscenza delle scienze infermieristiche [169].

Le venne pure riconosciuto un certo talento diplomatico, che sicuramente favorì il rapporto tra gli Ufficiale italiani e americani.
Grazie alla padronanza della lingua inglese, inoltre, fu in grado di tenere regolari lezioni alla Truppa del Corpo Militare.

Dopo il disastro di Kurori [170], il Ministro dei Trasporti coreano le consegnò un Diploma di Benemerenza, in rappresentanza di tutte le Sorelle [171].

---

[168] Vedi 2.3.
[169] Ordine Chungmu al Capitano Rosi, 10.06.1954.
[170] Vedi 2.9.
[171] Relazione quindicinale del 01.11.1952.

2.15 LA STELLA DI BRONZO

Il Poliambulatorio della Croce Rossa fu in grado di ottenere risultati apprezzabili anche grazie al minuzioso lavoro svolto dal Commissariato del Corpo Militare CRI.

Per il successo della Missione coreana, infatti, erano necessarie sapienti funzioni a livello direttivo e gestionale, vale a dire un sostegno logistico-amministrativo che garantisse la migliore qualità della vita possibile agli operatori rossocrociati.

In particolare, nel vettovagliamento, nel vestiario-equipaggiamento e nel settore dei mezzi mobili campali, del casermaggio e dei materiali di attendamento.

Bisognava infine assicurare il funzionamento dei vari Reparti con la disciplina del trattamento economico e della matricola del Personale.

A Yong Dung Po, l'Ufficiale Commissario era Ugo **Puntieri**, il cui lavoro venne molto apprezzato dai vertici dell'Ottava Armata.

Seppe pianificare un utilizzo efficiente delle provviste, contribuendo in modo significativo allo sviluppo del *68th Field Hospital*.

Il senso di responsabilità gli consentì di superare ostacoli apparentemente insormontabili nel reperimento, nell'immagazzinamento e nell'equa distribuzione dei generi sanitari.

E fu anche in grado di assicurare una costante disponibilità di medicinali [172].

Per tutti questi motivi, il Comandante della Sanità USA gli conferì la prestigiosa *Bronze Star Medal* [173].

Si tratta di un riconoscimento assegnato a chi si è distinto per l'eroico o meritorio compimento del servizio, in connessione ad operazioni militari contro un nemico armato [174].

---

[172] Medaglia della Stella di Bronzo a Puntieri, febbraio 1954.
[173] Relazione quindicinale del 17.02.1954.

In passato, la Stella era stata conferita a combattenti italiani che poi sarebbero diventati personalità di primissimo piano.

Tra questi, il primo Presidente del Consiglio Ferruccio Parri ed il celebre *manager* pubblico Enrico Mattei.

Pure le Autorità sudcoreane lodarono molto l'operato del Commissario: la Polizia Nazionale gli consegnò un Diploma di Benemerenza [175].

Il lavoro del Tenente poté essere così puntuale ed efficace anche per la fondamentale collaborazione dei bravissimi Sergenti Maggiori Perseo **Pizzoni** e Nicola **Cellamare**.

Puntieri era stato coinvolto, assieme a due commilitoni, nell'incursione aerea nordista dell'ottobre 1952 [176].

La Croce Rossa gli conferì la Medaglia di Bronzo al merito con palma, perché distintosi per coraggio ed abnegazione durante vari "servizi compiuti in località soggette alle offese della guerra" [177].

Dopo la fine della Missione a Yong Dung Po, continuò ad avere incarichi istituzionali in Asia di un certo prestigio: divenne infatti Console sia a Seoul che a Tokio.

Negli uffici del Poliambulatorio italiano operavano inoltre i Caporali Giulio **Ansovino** (al vestiario) e Franco **Matucci** (all'accettazione).

Al minuto mantenimento provvedeva il Sergente Maggiore Vincenzo **Capaccio**.

Diedero il loro silenzioso contributo anche i meticolosi scritturali Teofilo **Lupini**, Tommaso **Repetto** e Marcello **Sclafani**.

Della contabilità si occupava l'orgoglioso Sottufficiale Renato **Puglisi**.

Questi, nel marzo del 1952, si sentì in dovere di inviare ai vertici romani della CRI un'appassionata lettera, nella quale difendeva l'onorabilità dell'Ospedale 68, messa in discussione da un controverso articolo pubblicato da un quotidiano milanese [178].

Il Comandante lo propose per una Medaglia di Bronzo [179].

---

[174] Regolamento dell'Esercito USA, Art. 18.
[175] Ragazzoni, p. 18.
[176] Vedi 2.10.
[177] Stato di Servizio di Puntieri.
[178] Lettera di Puglisi, 06.03.1952.
[179] Lettera personale del Direttore Pennacchi, 09.06.1654.

Il fondamentale lavoro di collegamento tra le Autorità coreane o statunitensi ed il *68th Field Hospital* venne svolto veramente bene da Giovanni **Rovai**, già membro della Delegazione del Corpo Militare CRI che si era imbarcata a Ciampino [180].

Selezionato per la padronanza della lingua inglese, rivelò presto una straordinaria disinvoltura nell'instaurare rapporti quasi confidenziali con i Superiori dell'Ottava Armata.

A testimonianza del credito maturato presso le Istituzioni locali, inoltre, il Rettore dell'Università di Seoul in persona si pregiò di consegnargli un Attestato di Benemerenza.

Nella primavera del 1952, però, nel Registro dei pazienti del Poliambulatorio di Yong Dung Po venne iscritto un misterioso ricovero di ben quaranta giorni.

In proposito, il Caporale scrisse nelle sue Memorie [181] di essere stato avvelenato durante il ricevimento di un matrimonio con del cibo destinato ad un Ufficiale dell'Esercito USA.

Di conseguenza, il 13 giugno s'imbarcò a Yokohama sulla nave *General Leroy Eltinge* e se ne tornò definitivamente in Italia.

Fu così sostituito dall'abilissimo interprete Savino **Dantone**, che svolse pure il ruolo di centralinista.

Venne anche precettato nel glorioso Distaccamento inviato nell'isola di Kyushu [182], dove dovette svolgere mansioni di ogni genere in condizioni difficilissime.

Assieme ai commilitoni, infatti, si diede un gran daffare nel montare le tende sotto la pioggia e nel dare supporto al lavoro dei medici con il fango sino alle ginocchia.

Successivamente, l'attività di interpretariato venne affidata ad Aurelio **Raso**, il quale, contraddistintosi per serietà ed intelligenza, fu utilizzato in molti rapporti esterni di una certa delicatezza.

Il Direttore, che per questi motivi lo stimava in modo particolare, propose al Presidente della Croce Rossa di conferire al Milite la Medaglia di Bronzo [183].

---

[180] Vedi 2.2.
[181] Rovai, pp. 168 ss.
[182] Vedi 2.13.
[183] Lettera riservata del Comandante Pennacchi, 09.06.1954.

Il Sottufficiale Antonio **Santoro** provvedeva all'approvvigionamento dei viveri.
Un giorno venne portato al Pronto Soccorso poiché sanguinante per una ferita alla testa.
Si accertò che si era trattato addirittura di un proiettile vagante, che lo aveva raggiunto al capo dopo aver trafitto il suo <u>elmetto</u> del Corpo Militare.

Il Maresciallo Ordinario Mario **Ponti,** Responsabile del Vettovagliamento a Yong Dung Po, ricevette un Diploma di Benemerenza dal Ministero sudcoreano della Sanità [184] ed il nastrino di socio dalla CRI toscana [185].
Si distinse nella complicata attività logistico-amministrativa in soccorso agli alluvionati di Kyushu, consentendo ai commilitoni di lavorare pur in condizioni ambientali quasi proibitive [186].

---

[184] Relazione quindicinale, 16.11.1953.
[185] Scheda matricolare di Ponti.
[186] Vedi 2.13.

2.16 TRUPPE DI PACE

Al conflitto del 38° parallelo presero parte eserciti provenienti da cinque continenti [187].

Dietro la prima linea, invero, si consumò un altro genere di guerra ossia quella contro il tempo per sottrarre alla morte tutti i soldati feriti in combattimento.

Ma anche la popolazione locale aveva enormemente bisogno di assistenza sanitaria.

Tantissima gente poté trovare conforto nelle Unità ausiliarie delle Forze Armate impegnate al fronte.

Come quelle che gestivano l'ospedale da campo della Norvegia e quello mobile dei paracadutisti indiani.

Pure il Comitato Internazionale della *Red Cross* fornì un rilevante contributo, inviando in Asia la nave *Jutlandia* messa a disposizione dal Regno di Danimarca, in grado di ricoverare fino a tre centinaia di persone.

Inoltre, l'efficientissimo *Field Hospital* svedese di Pusan, dotato di quattrocento posti letto.
Era gestito da una ventina di medici, dei quali ben otto chirurghi, nonché da una trentina di infermiere che talvolta si intrattenevano con alcuni Ufficiali CRI in libera uscita [188].

E, naturalmente, il Poliambulatorio rossocrociato della Repubblica Italiana, particolarmente benvoluto in tutta la provincia di Seoul e con pazienti che provenivano anche da molto lontano [189].

---

[187] Vedi 1.1.
[188] Telespresso della Rappresentanza d'Italia in Giappone, 07.02.1952.
[189] Vedi 2.6.

A Yong Dung Po, contro la miseria e l'insalubrità in cui vivevano i residenti il Corpo Militare allineò le sue "truppe di pace", che resero possibile il complesso lavoro svolto dai dottori nei vari Reparti.

Tra questi, agirono Pietro **Armìgeri**, Attilio **Brighenti**, Mariano **Cappa**, Piero **Capurso**, Marcello **Carboni**, Tullio **Carlesso**, Vincenzo **Cirillo**, Carlo **Conca**, Silvio **Cutelli**, Nicomede **Cuppini** e Antonio **Feminò**.

La Croce Rossa poté schierare pure Pasquale **Ferrazzano**, Giorgio **Gamberini**, Vito **Gherardi**, Armando **Gismondi**, Primo **Giuliani**, Domenico **Gorgone**, Giovanni **Grainer** e Giuseppe **Grilli**.

Hanno inoltre militato in Corea Raffaele **Marino**, Enrico **Materazzi**, Giulio **Mazzuccato**, Carlo Alberto **Nicoli**, Pasquale **Pagano**, Mario **Pistoia**, Benedetto **Placidi**, Italo **Poli**, Vincenzo **Tullo** e Vincenzo **Rutigliano**.

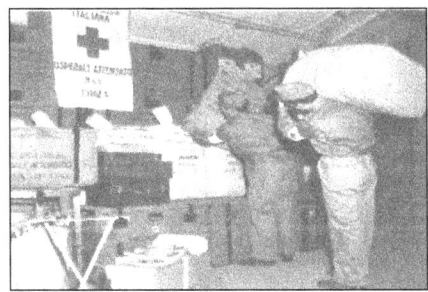

Diedero il loro contributo il magazziniere Luciano **Negri**, l'addetto alla lavanderia ed alla stireria Mario **Bolognesi**, il Caposala del circolo ricreativo Aldo **Colella**, l'elettricista Renato **Reali** nonché i piantoni Domenico **Aversa** e Rosario **Vicari**.

Alla ristorazione provvedevano i volenterosi Pietro **Caschera**, Angelo **Moretti**, Pasquale **Palacino** ed Alessandro **Vottero Ciomè**.
Mentre Alessandro **Musso** si occupava della cucina coreana.
Li coordinava il Caporale Giuseppe **Cataldo**, il quale vantava una lunga esperienza nella Croce Rossa e veniva considerato dal Direttore dell'Ospedale "prezioso per onestà ed avvedutezza": con questa motivazione fu proposto per la Medaglia di Bronzo [190].

Per la verità, secondo l'opinione di due infermiere CRI, il cibo - spesso in scatola - era l'unica cosa che lasciava a desiderare nell'ambito dei servizi offerti dal Poliambulatorio.

Dal momento che nello stesso vassoio trovavano posto il primo, il secondo e la frutta cotta, talvolta in quest'ultima andava a finire il sugo e non si riusciva a mangiare gran parte del pasto.

Esasperate, le Sorelle un giorno andarono appositamente a Seoul per acquistare una scatola di cioccolatini allo spaccio statunitense [191].

Dai degenti, invece, non si sollevò alcuna lamentela riguardo il vitto somministrato, che proveniva dal *Eight Army Supply*.

Consisteva in una razione giornaliera a base di riso, carne, pesce, verdura e frutta, sicuramente più abbondante rispetto a qualunque altro Presidio sanitario sino al fronte di guerra.

Inoltre, veniva confezionato in base ai più alti *standard* igienici con viveri di provenienza americana, tenendo in debita considerazione gli usi locali [192].

---

[190] Lettera riservata del Comandante Pennacchi, 09.06.1954.
[191] Corpo Militare Informa, aprile-maggio 2008.
[192] Ragazzoni, pp. 17 e 20.

La mensa Ufficiali, presso cui lavoravano il Sergente Maggiore Mario **Pistoia** ed il Milite Romano **Pianesani**, era frequentata volentieri anche da importanti personalità straniere, come il Duca di Arar, pretendente alla *leadership* dell'Etiopia.

Ma soprattutto dal Generale Clark, il quale offrì agli Italiani lo stemma della Quinta Armata USA che aveva liberato il nostro Paese nel 1943.
Alcuni ritennero opportuno farselo cucire sul braccio sinistro della divisa, altri, garbatamente, rifiutarono il dono [193].

Tra gli infermieri, oltre al Sergente Carlo **Tinaburri**, si distinse Filippo **Morana**, che venne promosso Sottufficiale per meriti eccezionali [194].
I Graduati Francesco **Chieco**, Giuseppe **Faiola**, Domenico **Guastaroba**, Giuseppe **Madonia**, Giovanni **Medicina**, Vincenzo **Mendozza** e Agostino **Zanetti** seppero guidare la Truppa in un'attività indispensabile per il funzionamento dell'intero Ospedale da campo.
I medici, infatti, poterono lavorare bene anche grazie ad Agostino **Apolloni**, Serafino **Canulli**, Antonio **Ceccacci**, Enrico **Ciolfi**, Gottardo **Crielesi**, Marco **De Luca**, Antonio **De Tullio**, Spartaco **Di Rosa**, Aldo **Fedi**, Giovanni **Iacurto**, Angelo **Perna** e Ferdinando **Silvestri**.

In particolare, nel Reparto di Medicina Uomini, Giovanni **Canali** (già assistente in sala operatoria [195]) e Gino **Piva** seppero essere degli efficientissimi collaboratori del Tenente **Galbani**, negli ultimi mesi della Missione coreana.

---

[193] Vedi 3.1.
[194] Scheda matricolare di Morana.
[195] Vedi 2.4.

2.17 L'ENCOMIO.

Il 26 giugno 1952, un Membro del Governo di Seoul consegnò al contingente italiano la Medaglia della *Presidential Unit Citation* (PUC), ossia il solenne Encomio del Capo dello Stato.

Nella motivazione ufficiale [196], firmata da <u>Sing Man Rhee</u>, si legge che l'Ospedale 68 si è "distinto per meriti eccezionali, curando sia il Personale militare delle Nazioni Unite che la popolazione civile coreana".

La quasi totalità dei pazienti, invero, era composta da Sudisti e da Nordisti, sia residenti del circondario che reduci dai combattimenti.

A tutti venne fornita una divisa americana, ma i prigionieri, fra i quali anche dei Cinesi, si rifiutarono di indossarla.

Tra i soldati delle Forze ONU provenienti dal fronte, furono accuditi un Belga, un Francese ed alcuni Etiopi [197] ai quali si potrebbero aggiungere i tre Graduati rossocrociati coinvolti nell'incursione aerea [198].

Il Presidente della Repubblica, che aveva avuto modo di visitare personalmente il Poliambulatorio accompagnato dal Direttore **Pennacchi**, sottolineò anche che Yong Dung Po poteva vantare "una mortalità bassissima".

---

[196] Conferimento della PUC all'Ospedale 68, 06.10.1952.
[197] Vedi 3.1.
[198] Vedi 2.10.

Il dato è senza dubbio attendibile per quanto riguarda il Reparto di Pediatria, visto che soltanto 33 bambini non ce l'hanno fatta su oltre seicentocinquanta assistiti.

Negli altri casi, il decesso avveniva quasi sempre nel Pronto Soccorso e quindi non veniva registrato in relazione ad un ricovero.

Dopo aver reso omaggio all'efficienza logistica, nel testo del prestigioso Conferimento si segnala che l'attività del Presidio sanitario di curare malati, feriti e mutilati tra molte difficoltà di varia natura

andò oltre il possibile.

Infine, l'Encomio presidenziale cita espressamente il grande contributo fornito dai militari del *68th Field Hospital* nel raggiungimento del fine di

vincere questa guerra.

Queste importanti parole non sono state sufficienti affinché in Italia quella di Yong Dung Po venisse considerata come un'attività di tipo bellico.

Il nostro Dicastero della Difesa [199], infatti, ai tre militari feriti nel *raid* dell'ottobre '52 ha riconosciuto un semplice "infortunio sul lavoro".

Né ha dato risultati apprezzabili l'iniziativa di alcuni Parlamentari dirette a far riconoscere ai reduci l'equiparazione agli ex combattenti [200].

Le parole del Presidente Rhee rappresentarono una grandissima gratificazione per il contingente.
Il 20 dicembre 1954, ovverossia due anni e mezzo dopo la prima, una seconda Medaglia PUC venne appuntata sulla Bandiera della Croce Rossa Italiana da un Ministro della Repubblica di Corea.

---

[199] Vedi 2.10.
[200] Lettera del Gruppo Comunista al Senato, 29.03.1960.

2.18 L'ARMISTIZIO

L'intervento rossocrociato in Corea fu un evento in cui il Corpo Militare e le Infermiere Volontarie si misero in luce per professionalità, umanità e comprensione per l'altrui sofferenza.

E giocò un ruolo fondamentale nell'assicurare alla Repubblica Italiana l'adesione nel 1955 all'Organizzazione delle Nazioni Unite [201].

La presenza del Vessillo della Croce Rossa assieme alla *UN Flag*, aveva creato un'atmosfera di particolare simpatia e di apprezzamento per il nostro Paese, che forse superarono i limiti dell'effettivo apporto.
Anche l'Ambasciatore in Giappone, giudicando la ripercussione dell'innalzamento del <u>Tricolore</u> con una finalità così alta, notò quanto sarebbe stata dannosa l'assenza da quello schieramento, che riuniva in un comune sforzo gli Stati del mondo libero [202].

Il Comandante delle Forze ONU auspicò nella primavera 1954 [203] che

*la Bandiera italiana non sia ammainata
e che il 68th Field Hospital possa continuare a dare
con tanto successo il suo apporto umanitario e politico.*

---

[201] Nota del Rappresentante Permanente d'Italia presso l'ONU, 23.03.1996.
[202] Telespresso della Rappresentanza d'Italia in Giappone, 07.02.1952.
[203] Telespresso del Ministero degli Esteri, 15.04.1954.

Ma la prova finale che ha dimostrato l'importanza della Missione è stata senza dubbio la convocazione di un Ufficiale del Corpo Militare CRI quando venne formalizzata la sospensione dei combattimenti.

In base alle anticipazioni dell'Ambasciata a Tokio, il Direttore del *68th Field Hospital* ricevette un telegramma dal Generale Clark, con cui lo si invitava a partecipare ufficialmente, quale Rappresentante italiano, alla cerimonia della firma dell'Armistizio [204].

Dopo aver ottenuto da Roma l'autorizzazione governativa, il Maggiore **Pennacchi** notificò subito la sua adesione al Comandante americano e quattro giorni dopo si presentò al Quartier Generale dell'Ottava Armata USA di Seoul.

La mattina del 27 luglio 1953 partì alla volta di Pan Num Jom, dove fu introdotto nella sala allestita per ospitare il memorabile avvenimento.

Prese posto sul lato sinistro, insieme al gruppo degli altri Delegati dei Paesi che avevano partecipato alla guerra a fianco degli Stati Uniti e sotto l'egida dell'ONU.

A destra, ogni posto era occupato da disciplinatissimi funzionari nordcoreani e cinesi, nella loro tipica uniforme civile.

Sul fondo troneggiavano ampie scrivanie alle quali sedevano:

Generale	Generale
William K. HARRISON, Jr.	Nam IL
Rappresentante del Comandante delle Nazioni Unite	Rappresentante del Comandante dell'Esercito della Corea Popolare e dei Volontari della Cina Popolare

Alle ore 10 antimeridiane, venne sottoscritto l'Accordo.

---

[204] Relazione sulla partecipazione alla cerimonia dell'Armistizio, 29.07.1953.

La presenza del Responsabile dell'Ospedale da campo n. 68 a questo straordinario evento è entrata negli annali della storia e riveste tuttora molteplici significati.

L'aspetto oggettivamente più importante è il riconoscimento ufficiale del contributo della Repubblica Italiana ad una operazione internazionale legittimata dal Consiglio di Sicurezza.

E ciò assume un valore particolare se si considera che il nostro Paese non era nemmeno Membro dell'Organizzazione delle Nazioni Unite.

In secondo luogo, le Forze Armate hanno dimostrato che in guerra è possibile avere un ruolo importante anche senza impiegare unità combattenti.

Al Corpo Militare CRI è stato riservato un onore paragonabile forse solo al Nobel per la Pace assegnato nel 1988 a tutte le operazioni di mantenimento della pace [205].

Il Comandante rappresentava anche le Infermiere Volontarie, che in quell'occasione hanno inaugurato una lunga serie di missioni umanitarie in posti lontani, a testimonianza della vicinanza ad ogni popolo che soffre.

Il 31 dicembre 1954, dopo aver ceduto le apparecchiature sanitarie ed i medicinali rimasti al Comando ONU, il Poliambulatorio della Croce Rossa cessò la sua attività e dieci giorni dopo il Personale venne rimpatriato.

Nell'estate del 2003, in Corea si sono svolte le celebrazioni del cinquantennale dell'Armistizio di Pan Num Jom.

Era presente anche una Delegazione dell'Associazione Italiana dei Veterani guidata dal Dottor Gianluigi **Ragazzoni**, il Farmacista e Laboratorista della Missione [206], con il quale volle congratularsi di persona l'ex Segretario di Stato americano Henry Kissinger [207].

---

[205] Vedi 2.19.
[206] Vedi 2.5.
[207] L'Adige, 20.09.2003.

2.19 LA BEFFA DEL NOBEL

La sera del 10 dicembre 1988, il Premio Nobel per la Pace è stato assegnato alle Forze di *peacekeeping* [208] delle Nazioni Unite.

Purtroppo, furono riconosciute beneficiarie solo le operazioni effettuate dal 1956 in poi, ossia a partire dall'istituzione dell'UNEF [209], che intervenne nel Canale di Suez.

Si volle dunque negare la più importante decorazione del mondo a tutti i soldati che parteciparono alla Missione coreana.

Ma adottando questo criterio, non è stato considerato che le truppe che avevano difesero guerreggiando il 38° parallelo sino all'Armistizio sono le stesse che da quel momento in poi avrebbero vigilato sul cessate-il-fuoco.

Dal 27 luglio '53, dunque, è stata effettuata la tipica attività che viene definita di "mantenimento della pace", sebbene non da una Parte terza, ma pur sempre in rappresentanza della Comunità internazionale.

Inoltre, accanto alle truppe combattenti operarono anche unità sanitarie come il *68th Italian Red Cross Field Hospital*, che assistette soprattutto la popolazione locale.

L'estromissione suscitò forti malumori soprattutto in Norvegia, Paese che ogni inverno ospita la solenne manifestazione di consegna del celebre *Peace Prize* e che aveva dato i natali a Trigve Lie, il Segretario Generale dell'ONU ai tempi del conflitto.

Inoltre, per primo aveva inviato nel Sud Corea un Ospedale da campo, che in quattro anni assistitette circa 90 mila pazienti, grazie all'avvicinamento di più di seicento militari tra medici, infermieri ed amministrativi [210].

---

[208] Attività di "mantenimento della pace".
[209] United Nations Emergency Force (UNEF).
[210] www.korean-war.comnormash.html

Dopo continue proteste, a metà degli anni Novanta l'Associazione degli ex Caschi Blu [211] riuscì a strappare una concessione sia al Regio Esercito che al Comitato Nobel.

La Sezione di Bergen e Hordaland [212] venne infatti autorizzata a commissionare ed a distribuire una specifica medaglia che "commemorasse" la cerimonia del dicembre '88.

Pertanto, la società danese Skandinavinsk Handels Kompagni ebbe l'incarico di coniare la *International Peace Prize Medal* a beneficio dei reduci norvegesi.

Questi ultimi, generosamente, ritennero un obbligo morale condividere la loro soddisfazione con i commilitoni di tutte le altre Nazioni che avevano inviato un contingente in Asia.

E così comunicarono al resto del mondo la possibilità di ottenere per posta questa sorta di riconoscimento compensativo.

Tuttavia, commisero la leggerezza di non chiedere alle Autorità competenti il previo consenso (che, infatti, non avrebbero avuto).

Con comprensibile imbarazzo, un funzionario statale di Oslo ha recentemente giudicato il gesto "in buona fede" ed ha ammesso che poteva esserci stato uno spiacevole malinteso [213].

Poi, però, ha gelato le aspettative dei veterani del resto del mondo, ribadendo la mancanza dei requisiti legali in capo alle operazioni precedenti al 1956.

In altre parole, la moneta celebrativa non aveva nessuna delle caratteristiche del Premio.

A parziale consolazione, è stato però affermato che la medaglia

> deve riflettere lo spirito del Nobel.

Fatto sta che, al prezzo di 115 dollari, dal 2004 ne sono stati acquistati (soprattutto negli Stati Uniti d'America) circa duemila esemplari, purtroppo privi di ogni legittimità.

---

[211] I soldati dell'ONU.
[212] Città della Norvegia.
[213] www.jeanpaulleblanc.com/Norway.htm

Tutti coloro che hanno ordinato la *Medal* commemorativa dalla Danimarca si sono visti recapitare per posta anche un enigmatico attestato con il logo dell'ONU e la firma prestampata del *Minister of Defence, Norway*.
Vi si certifica che il Cliente, con tanto di grado militare, ha servito nelle truppe delle Nazioni Unite di mantenimento della pace "prima che il Comitato Nobel norvegese assegnasse il Premio alle Forze di *peacekeeping* il dieci dicembre 1988".

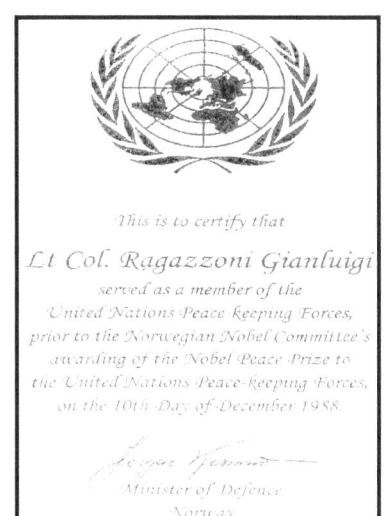

Dopo le parole *prior to*, quindi, si omette di indicare l'anno 1956 - il che avrebbe consentito di "correggere" l'iniziale esclusione - e si fa riferimento solo alla data della cerimonia.

In pratica, questo diploma non può in nessun modo essere considerato equipollente a quello che si consegna ad Oslo direttamente nelle mani dei legittimi vincitori del *Peace Prize*.

Forse, però, si potrà almeno dire che ne ha il valore morale, dal momento che è stato sottoscritto dal medesimo Governo norvegese.

Al danno subito dai soldati americani e dai *blue helmets* alleati che hanno vigilato sull'Armistizio o servito in unità sanitarie si è poi aggiunta una sonora beffa riservata a tre componenti del Corpo Militare CRI.

Agli Ufficiali **Puntieri** e **Ragazzoni** ed al Caporale **Isabella**, ricoverati a seguito dell'incursione effettuata da aerei MIG [214], non sono state riconosciute dal Ministero della Difesa le "ferite di guerra", bensì dei semplici "infortuni sul lavoro".

---

[214] Vedi 2.10.

Paradossalmente, la nostra partecipazione in Corea è stata considerata un conflitto in occasione della consegna di un Premio per la Pace ed un'operazione civile al momento di riconoscere la pensione per fatto d'armi.

Si può affermare, in definitiva, che nessuno degli operatori rossocrociati di Yong Dung Po ha potuto fregiarsi del prestigiosissimo *Nobel Prize*, a meno che non abbiano partecipato ad altre missioni internazionali.

E' il caso del chirurgo Vittorio **Rossi** [215], che negli anni Sessanta accettò la responsabilità di dirigere l'Ospedale n. 010 della Croce Rossa Italiana, nell'ambito delle Forze ONUC che agirono come *peacekeepers* nell'ex Congo belga [216].

---

[215] Vedi 2.4.
[216] Per approfondimenti: M. Patruno, *Quando è l'ONU a combattere. La guerra del Katanga (1961-63)*, Boopen, Napoli, 2011.

3

INTERVISTE AI VETERANI

3.1 INTERVISTA A GIANLUIGI RAGAZZONI.

Colonnello Ragazzoni [217], prima di andare in Corea c'è stato un adeguato addestramento militare ?

Nelle due settimane precedenti alla partenza siamo stai portati presso il Deposito di Via Ostiense a Roma, dove abbiamo avuto la giusta formazione alle armi.
A noi Ufficiali è stata consegnata una Beretta calibro 9 corto, mentre i Sottufficiali hanno avuto una pistola a tamburo Glisenti; la truppa si è esercitata con un Moschetto 91 per Truppe Speciali.

Dopodiché siete partiti...

Dapprima è partita una Delegazione formata dal Tenente Cesare Novello, da me e dal Caporale Giovanni Rovai, in qualità di interprete.
Il compito consisteva nel raggiungere il Comando ONU a Tokio per concordare l'implementazione di un Ospedale del Corpo Militare della Croce Rossa Italiana nel sud della Corea.
Ci siamo imbarcati a Ciampino, ma ci sono voluti 45 giorni per arrivare in Giappone, dopo aver fatto scalo ad Atene, Tripoli, Il Cairo, Aran, Manila, Bangkok ed infine a Saigon, dove erano in corso i combattimenti tra i Francesi e le truppe locali.
In Libia alcuni ci applaudivano, ma molti altre persone guardavano con sospetto gli Italiani, che fino a pochi anni prima erano colonizzatori.
Una pattuglia di due agenti della Polizia Militare inglese ci accompagnò con la camionetta al Comando per interrogarci, ma, dopo una telefonata chiarificatrice cogli Americani, ci rilasciò, diffidandoci informalmente dal circolare per le strade.

Quando è cominciata la Missione vera e propria ?

L'Ospedale n. 68 si è imbarcato a Napoli nell'ottobre 1951 sul trasporto americano General Langfitt ed è giunto a Pusan un mese dopo; a metà

---

[217] Intervista dell'Autore, Collalbo di Renon, 23.07.2010

dicembre ha iniziato la sua attività a Yang-Dung-Po, vicino Seoul, sotto la direzione del Capitano Luigi Coia.
Siamo stati inquadrati nell'Ottava Armata dell'Esercito USA, che ci ha fornito le uniformi, sulle quali purtroppo non abbiamo potuto mettere il simbolo della Croce Rossa, con l'eccezione del "pomodoro" sul braccio; le Infermiere hanno avuto le divise WAC.
Ognuno di noi ha perfino avuto una carta d'identità statunitense, poiché la non appartenenza dell'Italia all'ONU ci avrebbe esposto, se catturati, al rischio di essere considerati mercenari e quindi fucilati dai soldati nordcoreani.

Qual era il Suo compito principale ?

Ero il Responsabile della Farmacia, con la collaborazione dei Caporali Tommaso Macale ed Ederiggio Ionta; un giorno un tossicodipendente mi ha minacciato con la pistola affinché gli dessi della morfina.
Inoltre, ho diretto per due anni il Laboratorio Analisi Cliniche e Chimiche e per questo sono stato insignito ex lege del titolo di biologo.
Il rapporto con il Direttore, lo psichiatra Fabio Pennacchi, a volte è stato complicato da qualche difficoltà di comunicazione; forse ci sarebbe voluto maggior polso per guidare un Ospedale militare.

Ma è vero che avevate medicinali scaduti ?

Nient'affatto, perché ci rifornivamo direttamente dalla Base americana.
Quando da Roma provavano ad inviarci un carico, è ovvio che arrivava in pessimo stato, in quanto nelle stive delle navi non potevano esserci le condizioni minime per la conservazione.
Io stesso mi rifiutavo di utilizzarlo ed il Comando USA lo faceva distruggere.
Nel 1953 ci fu un furto di medicinali dal treno proveniente dal Porto di Pusan, scortato dai soldati etiopi; la Magistratura italiana indagò sul posto, ma poi finì tutto in una bolla di sapone.

Chi erano i ricoverati dell'Ospedale ?

La quasi totalità dei pazienti era composta da Coreani del Sud e del Nord, sia civili che militari.
A tutti abbiamo fornito una divisa americana, ma i prigionieri, fra i quali anche dei Cinesi, si sono sempre rifiutati di indossarla.

Inoltre, sono stati ospitati, persino nei corridoi, i pendolari reduci da un disastro ferroviario causato da partigiani nordisti che hanno sabotato i treni pieni di studenti e di operai: purtroppo abbiamo dovuto effettuare parecchie amputazioni.
Tra i soldati delle Nazioni Unite, abbiamo curato un Belga, un Francese ed alcuni Etiopi.
La mensa è stata frequentata persino dal Duca di Arar e dal Generale Clark, Comandante dell'Ottava Armata americana.

I dati sulla bassissima mortalità sono attendibili ?

Per quanto riguarda il Reparto di Pediatria non c'è dubbio: solo 33 bambini non ce l'hanno fatta su oltre seicentocinquanta.
Negli altri casi, il decesso avveniva quasi sempre nel Pronto Soccorso e quindi non veniva registrato in relazione ad un ricovero.

Siete mai stati coinvolti in azioni belliche ?

Il 28 ottobre 1952, nei pressi dell'Aeroporto statunitense, una flottiglia di MIG nordcoreani ha attaccato una colonna di automezzi americani scortata da blindati, che si stava recando alla Base K16.
Una delle jeep, targata CRI 68, era guidata dal milite Fausto Isabella e dell'equipaggio facevano parte anche il sottoscritto e l'Ufficiale Commissario Ugo Puntieri, con il compito di provvedere al rifornimento di medicinali.
Il mitragliamento, provocando diverse vittime fra le truppe prima dell'intervento risolutivo dei caccia USA, colpì anche la nostra auto, che venne sbalzata in una risaia.
Personalmente ho riportato una ferita alla fronte e degli ematomi alla gamba destra e al ginocchio; anche Puntieri è stato ferito alla testa, mentre Isabella è rimasto solo contuso in varie parti del corpo.
Siamo stati ricoverati presso l'Ospedale americano n. 121, ma poi la degenza è proseguita in quello della Croce Rossa Italiana.

Che opinione si è fatto sull'incendio che ha distrutto l'Ospedale nel novembre del 1952 ?

Sicuramente era di origine dolosa, a prescindere dall'esito ufficiale delle indagini della polizia coreana, poiché è stato appiccato in diversi punti dell'edificio.

I responsabili non possono essere stati che degli infiltrati del Nord, che intendevano colpire un obiettivo nemico.

Si ricorda qualche episodio particolare ?

Il Comandante Coia fu punito per aver indossato una divisa con il grado di Maggiore, ma lo fece solo durante le parate per non sfigurare troppo di fronte agli Ufficiali americani.
I due chirurghi, a cui all'inizio il Capitano italo-americano Grossi, dell'Ospedale 121, volle fare loro da aiuto per un mese, dimostrarono presto di essere davvero in gamba.
Il Capitano Rossi, in occasione dell'incidente di Osan, effettuò delle operazioni sul posto, come la disarticolazione delle braccia.
Con un fucile da caccia spedito dall'Italia, il Cappellano Lucchetti uccise degli aironi senza sapere che erano animali sacri, scatenando la rabbia della gente.
Il Sergente Maggiore Gubbiotti, per poter accedere alla Mensa Ufficiali, svelò di essere un Agente del controspionaggio SIFAR.
Il Commissario Puntieri sarebbe poi diventato Console a Seoul e a Tokio; la sua decorazione con la Stella di Bronzo senza "V" è spiegabile soprattutto per gli eccellenti rapporti che coltivava con gli Americani.
Il Tenente Perticucci, mentre faceva fotografie al 38° parallelo, fu arrestato dal controspionaggio americano CIC con l'accusa di essere una spia del GPU ed espulso, ma aveva soltanto scritto alcuni articoli sull'Unità.
Il traumatologo Bosetti, terminata la Missione, si aprì una clinica nella Capitale e poi addirittura diventò il medico personale del Presidente della Repubblica.
Le prime sei Sorelle furono nominate tutte Caporeparto: la Mojana a traumatologia, la Corsi a medicina generale, la Aimini e la Pascutto rispettivamente alle sezioni "uomini" e "donne" e la Rosi nell'ambulatorio (quando non insegnava l'inglese ai militi).
Le infermiere del secondo nucleo, secondo gli Ufficiali medici, erano di elevata professionalità.
Al ritorno a Roma, i Carabinieri mi condussero a Palazzo Baracchini e poi sono stato accompagnato dai Servizi dell'Aeronautica Militare all'Aeroporto dell'Urbe: mi hanno interrogato a lungo sulla presenza in Corea di determinati aerei, carri armati e cannoni; il trattamento venne riservato solo a me, in quanto l'unico ad aver frequentato l'Accademia di Modena.

3.2 INTERVISTA AD ALMA PASCUTTO.

Signora Pascutto [218], quali infermiere hanno fatto parte del Distaccamento inviato in Giappone per soccorrere gli alluvionati dell'isola di Kyushu e con quali criteri sono state scelte ?

Sono state scelte le Sorelle Antonietta Mojana ed Angela Corsi di Bosnasco, perché per una missione umanitaria così impegnativa erano richieste le infermiere con maggiore esperienza.

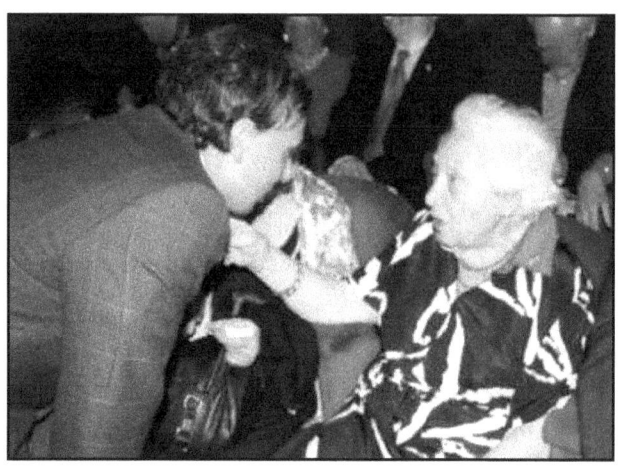

---

[218] Domanda dell'Autore ad Alma Pascutto, Roma 03.06.2011.

3.3. INTERVISTA A GIOVANNI RIBOLDI.

Sergente Riboldi [219], in che occasione ha aderito alla Croce Rossa?

Avevo militato nei Paracadutisti durante la Seconda Guerra Mondiale, ma nei primi anni della Repubblica ero davvero disorientato.
Ho saputo di un reclutamento del Corpo Militare della Croce Rossa Italiana, che stava preparando una Missione da inviare nella Corea del Sud e ho colto l'occasione con grandissimo entusiasmo.

Che ruolo ha avuto in Corea?

A Yong Dung Po un po' tutti quanti abbiamo cominciato a svolgere ogni tipo di lavoro manuale, nell'ambito della ristrutturazione dei due edifici scolastici nei quali l'Ospedale da campo n. 68 era stato sistemato.
Poi mi hanno assegnato al Reparto di Radiologia diretto dal Dottor Randaccio, dove già agivano il Sottufficiale Antonio Meden ed il Milite Michele Ferraro.
Integrandomi perfettamente nel gruppo, in dieci mesi di proficuo lavoro sono diventato un bravo tecnico radiologo.
Il mio Comandante mi ha firmato un preziosissimo attestato che mi avrebbe consentito, una volta rientrato in Italia, di trovare più agevolmente un'occupazione.
E infatti venni assunto presso l'Ospedale "Maria Vittoria" di Torino e poi come paramedico in altre strutture sia civili che militari.
Ho lasciato la Corea nella primavera 1952, assieme proprio al Tenente Randaccio, che aveva avuto un incidente stradale.

L'Ospedale è stato mai coinvolto in azioni belliche?

Il 9 dicembre 1951, verso le tre di notte, partigiani nordisti hanno assalito il quartiere di Yong Dung Po, prendendo di mira anche il nostro ospedale con l'intenzione di svuotare il magazzino.
La pronta reazione delle sentinelle ha sventato il loro attacco, mettendoli in fuga dopo un breve scambio di colpi di arma da fuoco.
Io stavo dormendo, come tutti quelli che erano liberi dal servizio.

---

[219] Intervista telefonica dell'Autore, 28.08.2011.

Siamo balzati giù dal letto molto preoccupati e abbiamo cercato di organizzarci per fronteggiare al meglio qualsiasi evenienza.
Per fortuna, i Nordisti si sono ritirati e tutto è tornato alla normalità.
Alcuni cadaveri sono rimasti sul terreno a testimonianza dell'attacco notturno.

Cosa Le ha lasciato l'esperienza coreana ?

L'attaccamento al Tricolore ed alla Bandiera CRI.
Per questo, negli anni Sessanta ho rifiutato il lauto compenso offertomi da alcuni individui che stavano reclutando mercenari per combattere in Congo.

Se avesse accettato, paradossalmente avrebbe potuto partecipare alle aggressioni perpetrate contro l'Ospedale CRI n. 010, diretto proprio dal chirurgo di Yong Dung Po Vittorio Rossi...

Sarebbe stato davvero inconcepibile; comunque non ho avuto la minima esitazione.

3.4. INTERVISTA A GIOVANNI CANALI.

Caporale Canali [220], che ruolo ha avuto all'Ospedale 68 ?

Sono arrivato nel novembre 1953 e sono rimasto sino alla fine della Missione.
Assieme alla Sorella Gnavi e ad Ercole Toni, due bravissime persone, ho assistito i chirurghi: in sala operatoria c'era sempre un clima di grande tensione, ma dopo ci si rilassava.
Per sei mesi ho portato ad incenerire su una collina molti resti umani amputati.
Poi mi hanno trasferito per un altro semestre a Medicina Uomini, dove, assieme al commilitone Gino Piva, collaboravo con il Dottor Galbani.

Ha qualche ricordo particolare ?

Ricordo il muso dei bambini mangiucchiato dai topi.
Nel 1954 c'è stato un gravissimo incidente ferroviario a 60 chilometri da noi.
Abbiamo ricoverato una sessantina di feriti portati dai truck americani, sebbene non vi fosse posto al Pronto Soccorso e quindi abbiamo dovuto sistemarli nei corridoi.
Con i mezzi di cui disponevamo, siamo stati costretti a fare molte saturazioni d'emergenza; mi meraviglio che non vi siano state infezioni.
Quella stessa notte, abbiamo anche tentato di salvare un uomo sorpreso dalle sentinelle a rubare in un magazzino, che aveva l'intestino perforato in cinque punti dalle pallottole.
Ma la straordinarietà di quella Missione non è legata ad episodi, bensì al risultato complessivo raggiunto da un gruppo di persone che singolarmente erano partite per la Corea magari per solo per ottenere benefici professionali.
Io, appena ventenne, avevo sincere motivazioni umanitarie e lì mi sono sentito davvero utile; mi hanno persino intervistato alla radio coreana.
Ma, tornato in Italia, molti miei concittadini mi hanno considerato come un reduce del Vietnam, che era andato "a fare la guerra" in un posto lontano.

---

[220] Intervista dell'Autore, Omegna VB, 04.01.2012.

FONTI DOCUMENTALI

Documenti dell'Ospedale da campo CRI n. 68, Yong Dung Po, Corea del Sud.

Diario Storico, 1951-54.

Relazione quindicinale, 1951-54.

Lettera del Sergente Maggiore Puglisi, 06.03.1952.

Verbale del Consiglio d'Amministrazione n. 20, 01.12.1952.

Nota sul personale ausiliario civile coreano n. 423/P.K., 04.04.1952.

Relazione sull'incendio, 02.12.1952.

Relazione sull'inaugurazione, 24.02.1953.

Promemoria sull'attività dopo il novembre 1952, 01.07.1953.

Relazione per gli alluvionati dell'isola di Kyushu, luglio1953.

Relazione sulla partecipazione alla cerimonia dell'Armistizio, 29.07.1953.

Relazione sull'incidente di Tae Rim Dong, 09.04.1954.

Lettera riservata personale del Direttore Pennacchi, 09.06.1954.

Documenti del Comitato Centrale CRI, Roma.

Note della Divisione I della Direzione Servizi Mobilitazione n. 17925 del 03.04.1952; n. 41180 del 07.08.1953; sulle questioni disciplinari (senza data).

Dichiarazioni dei Farmacisti Gregorio Antonucci e Giovanni Virga, 27.06.1956.

Stato di servizio degli Ufficiali e scheda matricolare dei Sottufficiali e dei Militi.

Documenti dei Ministeri della Repubblica Italiana.

Telespresso n. 20739 dell'Ufficio 6 della D.G.A.P. del Ministero degli Esteri, 31.10.1950.

Nota n. 10473.104 del Gabinetto della Presidenza del Consiglio dei Ministri, 06.06.1951.

Nota n. 16/17569 dell'Ufficio 5 della D.G.A.P. del Ministero degli Esteri, 14.11.1951.

Telespresso n.15/4551 dell'Ufficio 5 della D.G.A.P. del Ministero degli Esteri, 15.04.1954.

Nota del Servizio Pensioni Dirette del Ministero del Tesoro, 11.10.1960.

Nota V/10866 della Divisione Affari Speciali del Ministero della Difesa, 28.01.2003.

Nota M_D GMIL_040048376 della Divisione 8 del Ministero della Difesa, 21.06.2005.

Altri documenti.

Diario di viaggio della Sorella Aimini, ottobre-novembre 1951.

Telespressi della Rappresentanza d'Italia in Giappone, Tokio, n. 313/241 del 07.02.1952; n. 847/620 del 27.03.1952.

Lettere del Comando UNCACK, Seoul, 09.10 e 11.12.1952.

Lettera della Sorella Mojana, Hinashiro Mura,14.07.1953.

Lettera dell'Ambasciata cinese in Corea, Seoul, 20.12.1954.

Lettera del Gruppo Comunista al Senato della Repubblica, Roma, 29.03.1960

Lettera del Rappresentante Permanente d'Italia presso l'ONU, New York, 23.03.1996.

Decorazioni italiane.

Medaglia di Bronzo al merito con palma al Milite Toni, CRI, Roma, 21.06.1954.

Medaglia d'Argento al merito con palma al Sottotenente Ragazzoni, CRI, Roma, 30.08.1955.

Distintivo d'onore per i feriti in servizio al Tenente Ragazzoni, Numero d'ordine 6441, Ministero della Difesa, Roma, 13.03.1964.

Onorificenza di Cavaliere dell'Ordine al Merito della Repubblica Italiana al Milite Toni, Cancelleria dell'Ordine, Roma, 20.07.1979.

Decorazioni straniere.

Medaglia di Servizio delle Nazioni Unite all'Ospedale della CRI n. 68, Ordine Generale n. 18 del Comando ONU, 22.07.1952.

Presidential Unit Citation all'Ospedale 68 della CRI, Ufficio del Presidente della Repubblica di Corea, Seoul, 06.10.1952.

Medaglia della Libertà al Capitano Coia, Comando USA Sud Europa, Napoli, 17.03.1953.

Ordine del Merito Militare Chungmu con Stella d'Oro al Maggiore Pennacchi, Ufficio del Ministro della Difesa Nazionale della Repubblica di Corea, Seoul, 10.06.1954.

Ordine del Merito Militare Chungmu con Stella d'Argento al Capitano Rosi, Ufficio del Ministro della Difesa Nazionale della Repubblica di Corea, Seoul, 10.06.1954.

Medaglia con la Stella di Bronzo al Tenente Puntieri, Comando dell'Ottava Armata dell'Esercito USA, San Francisco, febbraio 1954.

Cittadinanza onoraria al Milite Toni, Ufficio del Sindaco della Città di Seoul, 30.12.1954.

Medaglia della Libertà al Maggiore Pennacchi, Ambasciata USA, Roma, 18.05.1955.

Normativa internazionale.

Convenzione sul trattamento dei prigionieri di guerra, Ginevra, 12.08.1949.

Regolamento dell'Esercito USA, Articolo 18.

Risoluzione n. 82 del Consiglio di Sicurezza ONU, 25.06.1950.

Risoluzione n. 83 del Consiglio di Sicurezza ONU, 27.06.1950.

Risoluzione n. 84 del Consiglio di Sicurezza ONU, 07.07.1950.

Risoluzione n. 377 (V) dell'Assemblea Generale ONU, 03.11.1950.

Risoluzione n. 500 (V) dell'Assemblea Generale ONU, 18.05.1951.

Autobiografie.

E. Ortona, *Anni d'America*, Volume 1, *La ricostruzione: 1944-51*, Il Mulino, Bologna, 1984.

G. Rovai, *Memorie di un gigolò*, TEA, Milano, 1992.

G. Ragazzoni, *L'ospedale CRI 68 nella Corea distrutta dalla guerra 1951-54*, Druckerei, Bolzano, 1999.

Fonti informatiche.

Per i dati relativi alle Forze delle Nazioni Unite: www.korean-war.com.

Per la cronologia della guerra di Corea: htpp://it.wilkipedia.org.

Per la controversia sul Premio Nobel: www.jeanpaulleblanc.com/Norway.htm.

Organi di stampa.

L'Unità, Roma, 1951-52.

Il Corriere della Sera, Milano, 22.02.1952.

Pacific Stars and Stripes, Korea Edition, Seoul, 02.02.1954.

Il Giorno, Milano, 26.06.1956.

Oggi, Milano, 1956.

Il Resto del Carlino, Bologna, 05.08.1956.

L'Adige, Bolzano, 20.09.2003.

Corpo Militare Informa, Roma, aprile-maggio 2008.

Lightning Source UK Ltd.
Milton Keynes UK
UKHW031554100222
398491UK00010B/496

Forgetful Spaghetti

'Forgetti Spaghetti'
An original concept by Jenny Jinks
© Jenny Jinks 2024

Illustrated by Ramona Bruno

Published by MAVERICK ARTS PUBLISHING LTD
Suite 1, Hillreed House, 54 Queen Street,
Horsham, West Sussex, RH13 5AD
© Maverick Arts Publishing Limited September 2024
+44 (0)1403 256941

A CIP catalogue record for this book is available at the British Library.

ISBN 978-1-83511-034-9

Printed in India

www.maverickbooks.co.uk

London Borough of Enfield	
91200000823413	
Askews & Holts	18-Oct-2024
JF YGN BEGINNER READE	
ENPALM	

This book is rated as: White Band (Guided Reading)

Forgetti Spaghetti

By Jenny Jinks

Illustrated by Ramona Bruno

Chapter 1

"Watch out!"

Meg stepped out of the way. Her dad whizzed past with a tray full of plates for the hungry customers.

"I can help," Meg said.

"That's okay, I'm fine," her dad said.

Meg went into the kitchen. Her mum was stirring a pot with one hand while putting a pie in the oven with the other.

"I can help," Meg said.

"That's okay, I'm fine," her mum said.

Meg sighed. She wished her parents would let her help, but they thought she was too clumsy. But Meg wasn't clumsy. That time that she had ended up face first in an apple pie was an accident!

It wasn't her fault!

Meg backed out of the kitchen just as her dad was coming in with a tray full of dirty plates. She stepped on his foot.

"Owww!" Dad howled and grabbed his foot. The tray went flying.

Mum dived across the kitchen and caught the tray and the plates just in time.

"Oops," Meg said. "Sorry."

Dad hopped to a stool.
"I can't walk," Dad said. "I've got a diner full of hungry customers. What am I going to do?"

"I can help. I promise I can do it!" Meg pleaded.

Dad looked at Mum, and Mum looked at Dad. "Please!" Meg begged, giving them her biggest smile.

"Okay," Mum said. "But only until your dad is better."

Meg ran through the door before they could change their minds.

Chapter 2

Meg was doing surprisingly well. It was nearly closing time and she hadn't had one accident.

"Good job today," Mum said as Meg picked up the last two trays.

Meg skipped away with happiness.

But then disaster struck. Her apron got caught on a chair.

The tray of milkshakes began to topple. Meg tried to save it, forgetting the tray of burgers in her other hand.

Milkshakes flew in one direction as burgers shot off in the other. There was no way Meg could save both.

CRASH! A burger landed in someone's lap and chips rained down on people's heads.

SPLAT! One milkshake landed in someone's bag, and the others slopped all over the walls.

"Whoa!" Meg cried, getting tangled up in her apron strings.

She fell over, sending a man's wig flying through the air. Meg watched it fly across the diner, landing right in the toaster.

Everyone fell silent. Then…

POP!

The burnt wig popped out of the toaster and landed, smoking, on the counter.

Meg ran out of the diner.

Chapter 3

Meg sat outside with her head in her hands. She had made such a mess. Her parents would never let her help in the diner again. She wished everyone could just forget that today ever happened.

Just then, a delivery van arrived. The driver jumped out and started lifting crates of food out of the van. "Some bits are missing, I'm afraid," he said. "So I've popped in something special that you might find useful."

He put a bag down next to the crates of food, and gave Meg a wink. Then he jumped back in the van and drove away.

Meg peered into the bag. There was a large jar of spaghetti and a tub of ice cream. 'That's a bit odd,' Meg thought, pulling out the spaghetti. Something about the label caught her eye.

Forgetti Spaghetti

Having a day you'd rather forget? Just one taste of Forgetti Spaghetti will help you forget all your troubles.

Warning: Eating too much can cause serious memory loss. Just a little bit will do!

'Forgetti Spaghetti?' thought Meg. This might make her parents forget this awful day. She could have a second chance to prove herself. Meg ran upstairs to their flat to get started on dinner.

When Meg's mum and dad came upstairs, Meg was just finishing serving dinner.

"Mmmm, something smells nice," Mum said. Meg put big bowls of spaghetti down in front of her parents – with some of the Forgetti Spaghetti added on top, of course.

"I made dinner," Meg said, "to say sorry for the mess I caused."

"Let's just forget about it," her dad said with a tired sigh.

'That's the plan,' thought Meg, as she watched her parents tuck in. With any luck, her disaster of a day would soon be forgotten.

Chapter 4

The next morning, when Meg got up, Mum and Dad were already in the diner preparing for the day. Everything was clean and tidy, and yesterday's mess was wiped away. Meg just hoped it was all wiped from her parents' memory too.

Her dad was still hobbling slightly.

"I could help out in the diner today so you can rest your foot," Meg suggested hopefully.

Mum looked at Dad, and Dad looked at Mum.

"Please," said Meg. "I'll be super careful."

"Well, okay," Mum said, "but only until your dad's foot is better."

"I just wish I could remember what I've done to it!" her dad said.

Meg jumped for joy. The Forgetti Spaghetti really worked! Meg had her second chance. And this time nothing was going to mess it up!

Everything was going perfectly. Meg was being super careful. She slowly put two big bowls of spaghetti down on a table.

'Spaghetti? That's strange,' Meg thought. She had a horrible feeling in the pit of her stomach. She went into the kitchen.

"You don't usually make spaghetti," Meg said to her mum.

"We didn't get any burgers in the delivery yesterday. But I found a big pot of spaghetti upstairs. I think everyone is enjoying it, don't you?"

'Oh no,' thought Meg, 'it can't be…'

And then she saw it. There on the side was the jar of Forgetti Spaghetti. It was completely empty.

Chapter 5

Meg went back out into the diner where everyone was tucking into huge bowls of spaghetti. This was awful. Or was it? Surely it wouldn't matter if everyone forgot just one day, would it?

A customer tapped Meg on the arm. "Excuse me," the man said, "where am I?"

"You're at the diner," Meg said, frowning. The spaghetti was working fast.

"Oh good. And just one more thing," he said. "Um… who am I?"

Meg froze. This was worse than she thought. Much worse. They were eating too much spaghetti. They weren't just forgetting one day. They were forgetting everything they'd ever known… This was a disaster!

Meg had to find a way to stop everyone from eating. And there was only one way that Meg could think of. She was about to make the biggest mess of her life.

Meg pretended to trip and threw herself at the nearest table.

"Whoops!" she said as she sent bowls of spaghetti flying.

"Let me clean that up," she said, swiping more bowls onto the floor.

"Oh dear!" Meg cried, skidding on some spaghetti and landing headfirst in another plate.

"I'll get you something else," she said as she put her hands in another two bowls.

Soon there were no plates left on any tables. There was spaghetti on the ceiling, on the floor and in people's hair. At least nobody was eating any more.

But there was still one problem: the diner was full of people with no memory. There had to be someone who knew how to fix it. Maybe the delivery company would know what to do? Meg rushed to the phone and dialled their number. But the delivery company were no use. They said they didn't even sell spaghetti.
So who had given it to her?

Meg ran into the kitchen to look for clues. Thankfully, Mum was busy cooking, with the radio on full volume. She didn't notice Meg. Meg searched the cupboards, the fridge and the freezer. There was nothing else unusual. But then she saw it—the ice cream tub. It had been in the bag with the spaghetti. She pulled out the tub and read the label.

Brain Freeze Ice Cream

Immediately freezes the effects of any mind spell

Warning: Eating too much may permanently freeze your mind

This was it! This could fix everyone's memories!

Chapter 6

"Free ice cream!" Meg shouted, walking around the diner with the tub and a stack of bowls. "Free ice cream for everyone!"

"Do I like ice cream?" one customer asked.

"What is ice cream?" asked another.

"Try it!" Meg said. She was careful to only put a little bit in each bowl.

The customers couldn't even remember how to use a spoon, but they scooped the ice cream up with their fingers and slurped it up like animals.

Meg watched and waited.

Everyone began to look like they were waking from a dream.

"What am I doing?" asked a woman who looked very embarrassed to be sitting in the middle of a table. A man was pulling a bowl off his head, looking very confused.

"What on earth has been going on here?" came her dad's voice, hobbling into the diner after hearing all the commotion.

Meg took a deep breath. She was about to make up an excuse, but trying to cover up her mistakes was what got her in this mess in the first place.

"I'm sorry, Dad. I tried to help again but it all got out of control. I ended up making a mess again," Meg said, starting to clean up.

Dad sighed. "Never mind," he said. "Clean the diner and we can talk about it later."

Meg knew her parents probably wouldn't let her help out again for a long time. But she had learnt not to bite off more than she could chew, and it was a lesson she would never forget!

The End

Book Bands for Guided Reading

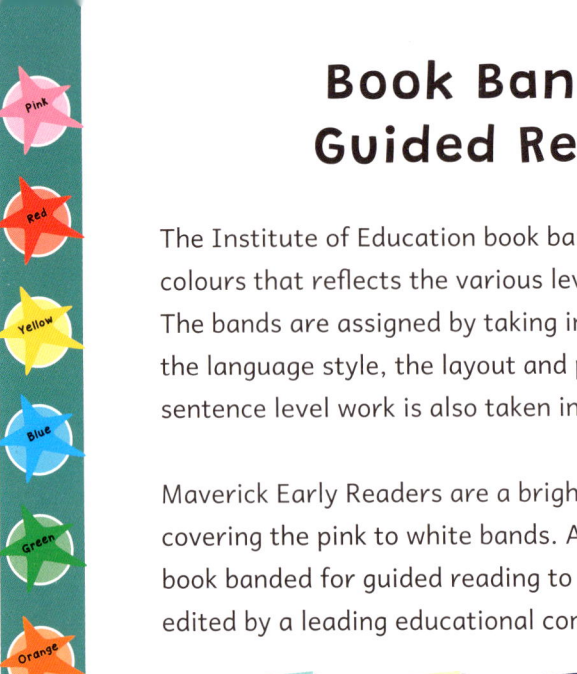

The Institute of Education book banding system is a scale of colours that reflects the various levels of reading difficulty. The bands are assigned by taking into account the content, the language style, the layout and phonics. Word, phrase and sentence level work is also taken into consideration.

Maverick Early Readers are a bright, attractive range of books covering the pink to white bands. All of these books have been book banded for guided reading to the industry standard and edited by a leading educational consultant.

To view the whole Maverick Readers scheme, visit our website at www.maverickearlyreaders.com

Or scan the QR code above to view our scheme instantly!